高齢ドライバーの意識革命

安全ゆとり運転で事故防止

MATSUURA Tsuneo

松浦常夫

福村出版

はじめに

　高齢ドライバーの事故が多発して、連日のようにマスコミを騒がせていたころ、ようやく政府や行政も腰を上げ、2017年1月に「高齢運転者交通事故防止対策に関する有識者会議」が警察庁内に設置された。高齢者や交通安全に関わる医療・福祉等の団体代表や医学・工学等の学会代表に交じって、当時、日本交通心理学会の会長を務めていた筆者もその一員となった。

　現在も続いているその会議で、高齢ドライバー対策の1つとして筆者が提言したのは、高齢ドライバーに対して「補償運転」を勧めることだった。補償運転というのは、高齢になって心身の機能が低下したり、病気になったりして運転技能が衰えるのを補償するようなゆとりある運転のことで、本書で「安全ゆとり運転」といっているものだ。

　この提言は警察庁交通局の理解を得て、有識者会議の提言等を踏まえ同年7月に出された交通局長通達の中で、「補償運転を促すこと」が全国の都道府県警察に対して示された。これを受けて各県警等では、県下の高齢ドライバーに補償運転を勧めるキャンペーンなどをしたようだ。筆者も警察大学校で各県から集まった担当者に講義をしたり、いくつかの県を回って補償運転の講演をしたりした。

　こうした努力は高齢ドライバーの補償運転の普及に少しは役立ったと思うが、普及にあたって問題が出てきた。1つは補償運転という名前である。補償というと何か悪いことが起きてその償いをするような響きがあって、胸を張って行えるような感じの良いネーミングではない。そこで千葉県では「はればれ運転」、富山県では「やわやわ運転」、宮崎県では「制限運転」、鹿児島県では「ちゃいっぺ（注：お茶一杯）心で補償運転」といったように、各県で工夫したネーミングを使用している。そのため本書でも、補償運転の代わりに肯定的な感じのする「安全ゆとり運転」と名づけることにした。

　もっと肝心な問題は、補償運転をするための具体的な運転方法が示せずに

いた点だ。単にキャンペーンで「補償運転をしよう」と言っても、具体的にどんな運転をしたらよいか明確にしないと実行されない。たとえば「車間距離を十分にとろう」と言うだけでは不十分で、どのくらいとればいいのか、条件によって車間距離は異なるのではないか、どうしたら車間距離を十分にとれるか、といった具体的な運転方法を示す必要がある。

　この問題を解決すべく書いたのが、本書のメインとなる4章と5章である。安全ゆとり運転を代表する20項目の運転戦略を、項目あたり4〜5ページで解説した。各ゆとり運転の項目では、事故統計や事故事例などからみたゆとり運転の必要性、調査から得られたゆとり運転の男女別・年齢層別実行度、ゆとり運転をするための工夫、その工夫を取り入れる意図の表明、関連するトピック（科学的知見）を取り上げた。高齢ドライバー自身がゆとり運転の必要性を理解したうえで、自分のゆとり運転の実行度とそうした運転に向けての工夫を自覚してもらい、ゆとり運転の実行を促すためである。

　安全ゆとり運転は、自分に規制を与え自らを律する運転である。高齢ドライバーが自らの運転技能の衰えを自覚して安全ゆとり運転を行い、長く安全運転を続けられるよう本書を書いたつもりだ。

もくじ

1章　運転行動とその変化

2章　高齢ドライバーの事故

3章　安全ゆとり運転の勧め

4章　運転前の安全ゆとり運転

5章　運転時の安全ゆとり運転

6章　運転卒業までのステップ

1章

運転行動とその変化

高齢になると老いの影響で危険な運転になるといわれる。しかし、運転の
どの部分が老いの影響を受けやすいのだろうか。また、あらためて考えると
運転とはどんなものだろうか。

　1節では、運転を上手さという能力的側面（運転技能）と安全さという態度
的側面（運転態度、スタイル、習慣）に分けて考え、この2つの側面が高齢に
なるとどう変化していくかを検討する。

　2節では、運転をハンドルやブレーキ操作といった操作レベルから運転の
計画さらには生活での車の使い方といった高いレベルに分けるという運転行
動の階層モデルを紹介する。また、その各レベル（階層）での教育目標と内
容について解説する。

　3節では、この教育目標と内容のうち、車両操作技能、交通状況把握技能、
ハザード知覚能力、運転技能の自己評価能力を取り上げ、高齢ドライバーの
運転行動を中年ドライバーと比較して評価する。

1節 ｜ 運転技能と運転スタイル

① 4つの運転技能

　運転するのに必要なものはまず運転技能である。これは運転の実技指導や
実際の運転経験によって獲得され、交通環境に応じて、迅速な移動や安全と
いった運転目的を効率良く実現させるものだ。

　運転技能というと運転免許試験の項目となっている速度の調節、スムーズ
な停止と発進、クランクなどでのハンドルさばきといった車両操作を思い浮
かべる人が多い。その操作をみて、車の運転が上手だとか下手だとかいわれ
る。しかし、運転技能には他に知覚技能、認知技能、社会的技能がある。た
とえば、横断歩道で一時停止する場面を考えてみよう。表1−1に示すよう
に、ドライバーが横断しようとする歩行者を見つけて停止するまでには4つ

表1-1　ドライバーに必要な運転技能（例：横断歩道での停止行動）[1]

運転技能	ドライバーの心の働きと行動
知覚技能	横断歩道付近で歩行者を発見する
社会的技能	その歩行者の年齢や性別や歩行位置などから横断意図を推測する
認知技能	その歩行者は横断しようとしているので停止を決定する
車両操作技能	横断歩道の手前でスムーズに停止する

の技能が必要だ。

　知覚というのは、視覚、聴覚、運動感覚、平衡感覚などの感覚を通じて環境を知ることである。運転での知覚技能で重要なのは、道路前方や周囲の道路交通環境に目配りして必要な視覚情報を収集することだ。たとえば、信号ばかり見ていると、前の車が減速したときにあわててブレーキを踏むことになりかねない。ハザードと呼ばれる危険性を帯びた車や歩行者などを見つけ出す能力（危険予測能力）も重要だ（ハザードの詳しい説明は3節3項を参照）。ベテランになると、こういう道路交通状況だったら視線を向けるポイントはこのあたりだという危険予測能力が身につき、人や車などが急に現れても早めに対処できる。

　社会的技能は、対人場面において相手の反応に効果的に応じるために用いられる言語行動を含む行動を指す[2]。運転場面では言語によるコミュニケーションは少ないが、進路前方の路上に人や車（運転者）が存在し、そういった相手と交通事故を起こさないよう、この種の技能も要求される。具体的にいえば、車や歩行者がある交通状況下で行いやすい行動様式を理解していること、ハザードとなる相手を発見した場合にそれがどのような人であり、何をしようとしており、どのような心理状態であるかを知ること、相手に自車の存在を印象づけること、相手に自車の意図を明確に知らせることだ[3]。

　認知は頭の働き、つまり記憶、類推、カテゴリー化、評価、判断、意思決定といった知的な精神過程をいう。高齢者講習で75歳以上の高齢ドライバーに認知機能検査が課せられるが、そこで測られるような能力だ。

　運転ではハザードを発見した後にそれがどのくらい自分の運転に危険であるかを評価する能力（リスク知覚能力）が重要で、その評価に基づき適切に行

図1−1　危険予知訓練用の写真（自転車に注目）[5]

動を選択する判断能力も欠かせない。たとえば、優先道路を運転していて交差点の右からバイクが来るのを発見したとする。このとき、バイクの動きや運転者の年齢や様子をみて（社会的技能）、もしそのままバイクがやって来れば自分の車と衝突するかもしれないと考え、減速して足をブレーキペダルに乗せて交差点に進入すれば、万一バイクが停止せずに交差点に入ってきても事故は回避できるだろうし、最悪でも軽い事故で済むだろう。

　ところで、ドイツでは古くから道路や気象やパートナー（他の車や人）が運転に及ぼす影響を具体的な交通状況に即して理解し、それに対処する方法を学ぶという交通教育が盛んで、交通危険学と呼ばれている[3, 4]。日本では産業場面で実施されている危険予知訓練が一部これに相当し[5]、運転者教育でも危険予知が重視されている（図1−1）。社会的技能や認知的技能は、交通危険学や危険予知訓練の基礎となる技能だ。

② 運転技能の獲得と衰退

　免許を取りたてのころは、車両操作の基本は身についたものの、交通状況を読み、交通ルールや運転の仕方を適用して他の車や歩行者に対処するのに精いっぱいだ。運転に慣れてくると、意識しなくても自動的に車両操作ができるようになり、以前のような固くて融通のきかない行動はとらなくなる。しかし、それでも依然として新しい状況に直面したり、危険を予測したりす

るときには意識的な情報処理を必要とする。

　車両操作や交通状況の読みが意識しなくてもできるようになり、こういう状況下ではこう運転するというパターンが身につくとベテランドライバーの仲間入りだ。40代から50代の中年に最も事故が少ないのはベテランゆえだ[1, 6]。

　しかし、高齢になると心身の働きや健康が損なわれて、獲得した運転技能がだんだん発揮できなくなってしまう。車両操作技能でいえば、高齢になると筋力が衰えたり、素早い動作ができなくなったり、体の柔軟性がなくなったりして、車両操作がうまくいかなくなる。たとえば、赤信号に気づいてブレーキをかけようとしても、ブレーキを踏むまでの反応時間が延びたり、強くブレーキを踏めなくなったり、果ては誤ってアクセルを踏んでしまったりしがちになる。知覚技能では一時停止標識や信号の見落としが多くなり、認知技能や社会的技能では他の車や歩行者の通行を妨害する優先通行妨害や歩行者妨害のような運転が増えてくる[6]。

③ 運転スタイル

　運転行動に影響するのは運転技能や心身の働きだけではない。その人の考え方や価値観や性格も影響する。教習所に入校したときや処分者講習の中で、性格検査や安全運転態度検査が実施されるのは、性格や態度が安全運転に強く影響すると考えられるからだ。

　「運転が示すあなたのお人柄」という標語があるように、人の運転には性格や態度を反映した様々な個性が現れる。それを交通心理学では運転スタイルと呼んでいる[7]。慎重な運転・注意散漫な運転、思い切りのよい運転・ぐずぐずした運転、滑らかな運転・ぎこちない運転など、運転のスタイルは人それぞれだ。どんなスタイルで運転しようがルールの範囲内でしっかりと運転していれば問題はないのかもしれない。仕事でもそれなりの成果をあげれば、やり方や流儀が違ってもかまわないのと同じだ。しかし、慎重な運転と注意散漫な運転のどちらが安全かといえば、慎重な運転のほうが安全だとい

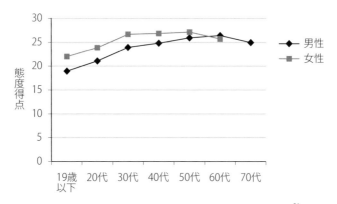

図1-2 男女別・年齢層別にみた安全運転態度得点[8]

うように、運転スタイルは安全性に影響する。

　高齢になると、心身機能が低下し運転技能も低下する一方で、一部の高齢者には不安全な運転スタイルあるいは運転態度がみられるようになる。警察庁の科学警察研究所が作成した安全運転態度検査の結果をみると[8]、安全運転を志向した態度は若い世代が最も不良で、年齢を重ねるごとに良好になっていく（図1-2）。しかし、男性では70歳を超えると、また女性では60歳を超えると少しずつ態度が不良となっていく。とくに「歩行者や自転車を邪魔に感じる」といった非協調的な運転や「合流のとき進もうか迷う」といった迷いがちな運転、「わき見をしていてはっとする」といった注意の集中ができない運転が高齢になると増えてくる。

　運転スタイルは習慣化した運転の中によく現れる。たとえば、高齢になると精神的な負荷や身体的な負荷を少なくしようとして、省エネの運転をしがちになる。交差点で右折するときにショートカットしたり、左折時に大回りしたり、交差点でしっかり止まらないのはその現れだ[9]。習慣化する運転スタイルには、他にも不適切な速度の出し方、合図の出し方、追い越し方法、車間距離などがある。

　こういった習慣はある状況に出合うとつい出てしまうもので、それを抑止するのは難しい。とくに、高齢になると抑制能力が低下するので危険な状況に気がついてもいつもの運転をしてしまう[10]。自動車教習所や安全運転研修

所などの運転実技講習では、座席の位置やブレーキの踏み方といった基本中の基本をまず教えてくれる。これはいつの間にか自己流になってしまった運転動作を正してくれる良い機会だ。

① 運転の戦略、戦術、操作

　運転を技能とスタイルの側面からみてきたが、運転行動をどう捉えるかについては他にも様々な理論がある。本節では運転行動の階層モデルに基づいて、高齢ドライバーの安全を志向した運転を考えたい。

　運転行動の階層モデルとして、まずミションのモデルを紹介しよう（図1-3）[11]。運転行動には戦略レベルと戦術レベルと操作レベルの3つの側面があり、上のレベルがどういうものであるかによって、下のレベルの行動が影響されるという考え方だ。

　一番上位は戦略レベルの運転行動で、移動の目的や目的地に応じた運転計画を立てるという戦略である。移動目的に応じた移動手段や経路の選択、その移動に伴う費用や危険性の見積もりなどを考えることだ。車で移動すると

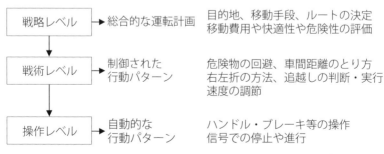

図1-3　運転行動の戦略、戦術、操作の3階層モデル[11]

決まれば、基本方針として誰と、いつ、どこを、どのように運転するかを計画する。ゆとりある安全な運転を目指すなら、自分の体調、車の状態、道路交通状況、天候、同乗者などを考慮した運転となる。

2番目のレベル（階層）は戦術面の運転行動である。どういう戦術で、道路交通環境の中を目的どおりに運転していくかという運転の仕方である。いかに運転するかはそのときの環境に制約されるが、どう障害物を避けたり、車間距離をとったり、速度を決めたりするかは、上位の戦略レベルで設定された目標の大枠に沿っている。安全運転という戦略で運転するなら、ルールを守る、自分の心理面や運転面の短所を知る、危険予測をこまめに行うなど防衛運転的な戦術が用いられる。

最後の操作レベルの行動は、運転中に絶えず行っている車両のコントロールである。ハンドルやブレーキやシフト操作など、慣れてくれば自動的に行われる行動だ。教習所でまず習うのはこの運転操作であり、世間で運転が上手・下手というときはこの技能のことを指す。しかし、上のレベルの行動が下のレベルの行動に影響するので、たとえば運転戦略や戦術が「運転スリルを楽しむためにスピードを出した運転をする」であったら、いくら運転操作が上手でも危険な運転となる。一流のカーレーサーでもギリギリの運転をするレースではクラッシュしてしまうことがあるのと同様だ。逆に、安全運転をするためには、自分の車両操作技能が低くても、身の丈に合った運転をすれば事故になりにくい。

先にあげた4つの運転技能とこの3つの階層を対応させるなら、操作レベルで発揮されるのは車両操作技能であり、戦術レベルでは残りの3つの技能が要求される。しかし、戦略レベルでは運転技能ではなく、交通や運転に関する考え方が問われる。

② 生き方や態度まで含めた運転行動の階層モデル

フィンランドの交通心理学者のケスキネンは、ミッションの3階層モデルをもとに、運転行動を4階層に分けるモデルを唱えた（図1-4）[12]。ミッションの

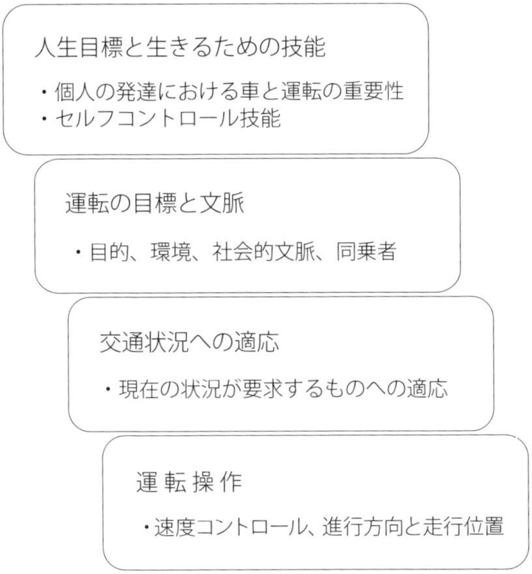

人生目標と生きるための技能
・個人の発達における車と運転の重要性
・セルフコントロール技能

運転の目標と文脈
・目的、環境、社会的文脈、同乗者

交通状況への適応
・現在の状況が要求するものへの適応

運 転 操 作
・速度コントロール、進行方向と走行位置

図1−4　生き方や態度まで含めた運転行動の4階層モデル[12]

モデルと異なる点は、3つめの階層の上に「人生目標と生きるための技能」
という運転の動機づけ的あるいは態度的な側面（第4階層）を加えたことだ。
これは、運転行動に影響するのは運転の技能的側面や運転戦術や戦略といっ
た認知的側面だけでなく、動機や態度といった側面も重要だという考え方を
取り入れたモデルである。

　「人生目標と生きるための技能」は、運転行動を説明するには大風呂敷す
ぎる印象があるかもしれないが、言わんとすることは人生目標や価値観の中
で、車や運転がどう位置づけされているかということだ。先に「運転が示す
あなたのお人柄」という標語を紹介したが、この元となったのは第二次世
界大戦直後のアメリカで発表された研究論文の中の言葉だ。交通事故を多
く起こした人は無事故者に比べて犯罪や金銭トラブルなど生活上のもめご
とも多かったことから、それを「人は生活するのと同じように運転する（A
man drives as he lives.）」と著者のティルマンらは表現した[13]。それが日本で
もヨーロッパでも共感を持って紹介されたのだ。

まさに生活の一部に運転があり、人の運転はその人の生活や生き方の一部である。ケスキネンは生活と車の関わりの中でも、生活するうえでも運転でも不可欠なセルフコントロール（自己抑制）を重視した。

階層モデルであるから、上の段階の運転行動が下の段階の運転行動に影響する点はミッションのモデルと変わらない。たとえば、第4階層では、車の運転は単なる移動の手段と考え、運転中も自分を抑えて静かな運転を心がけているAさんを考えてみよう。Aさんは買物や通院といった必要に迫られたときにだけ運転し、雨天や夜間のような危険な状況下での運転はひかえるだろう（第3階層）。この第3階層はミッションのモデルでいうと戦略に相当する。また、Aさんは交通環境に適応した無理のない運転を心がけ（第2階層）、ハンドル操作やブレーキ操作も余裕を持って行うだろう（第1階層）。

階層モデルが意味するところは、運転操作技能や交通状況に合った運転は重要であるが、そういった運転が得意であっても、それより上の段階が安全運転を志向したものでないと、危険な運転に陥るということである。逆に、高齢になって運転操作が下手になり、交通状況を素早く的確に読めなくなった人でも、安全第一を心がけ、ゆとりを持って穏やかに運転すれば、事故の可能性は少ないということである。

(3) 階層モデルを用いた運転者教育の目標と内容

ヨーロッパでは、1993年のEU統合を機に、ヨーロッパ共通の運転者教育の目標と内容を検討する研究プロジェクトが各国の政府研究機関のメンバーを集めて実施された。その成果がケスキネンの運転行動の4階層モデルを適用した「運転者教育の目標と内容（GDEフレームワーク）」[14)]である（表1-2）。

なぜケスキネンの4段階の階層モデルが用いられたかというと、現行の運転者教育では第1階層の車両操作や第2階層の交通状況に合った運転を主に教育・訓練しているが、運転目的や人生態度から運転を考える教育も必要だという認識があったからだ。

運転者教育の目標と内容では、通常の運転時に必要な運転知識と技能とと

表1-2　運転階層ごとの運転目標と内容（GDE: Goal for Driver Education）[14]

運転行動の階層レベル	教育の内容（例）		
	知識と技能	リスク増加要因	自己評価
人生目標と生きるための技能（一般的、個人的）	・ライフスタイル ・集団の規範 ・動機 ・セルフコントロール	・安全を重視しない態度 ・社会的圧力への同調 ・運転を通じての自己拡大 ・リスクの受容	・個人的な危険な習慣 ・危険を受容する性格傾向 ・非安全動機 ・衝動のコントロール技能
運転の目標と文脈（トリップ関係）	・運転目的が運転に与える影響 ・ルートの選択 ・仲間の影響	・安全重視でない運転目的 ・運転者の心身状態 ・飲酒や疲労運転 ・困難な道路交通環境	・典型的な運転目的 ・プランニング技能 ・典型的な危険な運転の動機
交通状況の把握・対処	・交通ルール ・速度調整 ・コミュニケーション ・位置取り	・交通ルール無視 ・誤った予測 ・怒りやあせり ・歩行者や自転車	・交通に対処する技能の自覚 ・個人の運転スタイル ・個人の安全余裕
車両操作	・方向と位置のコントロール ・自動車の特性 ・車両の物理的法則	・不十分な技能の自動化 ・不適切な速度調節 ・困難な状況（環境、交通、車両等）	・基本的操作技能の自覚 ・危険な状況下での対処技能の自覚 ・現実的な自己評価

もに、リスク増加要因と自己評価を含めている。リスク増加要因というのは、運転行動に伴うリスクやそういったリスクを助長する要因のことである。たとえば、第1階層では適切な車両操作が求められるが、操作が未熟で自動化されていなかったり、技能を上回る難しい状況で運転したりすると危険な運転や事故につながること、第2階層では、ルール無視運転や急ぎ運転が事故リスクを上げること、第3階層では、欲求不満解消やスリルを求めての運転や飲酒運転などが、交通状況に合わない運転や無理な運転操作を招くこと等が取り上げられている。運転中のリスク増加要因の教育は、日本の自動車教習所で危険予測ディスカッションや死角と運転、人間の能力と運転といった安全知識が学科教習で取り上げられているのでわかりやすいだろう。

　自己評価というのは、ベテランドライバーにも必要な運転教育項目で、自分の運転技能や運転の方法を正しく評価することである。自分の運転のどこが長所でどこが短所かを自覚し、短所を是正しようとする心構えだ。ドライバーは自分の運転技能を過大に評価しやすいが、そうすると自信過剰になって、不適切な運転目標や心身状態のもとで運転しやすく、交通状況に合わな

いスピードで運転をしたり、ルールを無視したりする運転になりがちだからである。こうしたヨーロッパの運転者教育の潮流を受け、日本でも自信過剰な運転が若者や高齢者にみられ危険だということで、自分の運転技能や運転スタイルを客観視する必要性が指摘されてきた[15, 16]。

　自己評価技能には運転中のメタ認知も含まれる。メタ認知というのは、自分の認知行動（視線、知覚、判断など）を高位からモニター（観察・認識）して見直す心の働きで、たとえば運転中にわき見運転をしている自分に気づき、それをやめようとする能力を指す。この能力があれば、苦手な運転技能を向上しようと努めたり、自分の運転スタイルを改善しようとしたり、他の車や人に配慮した運転を心がけたりして、安全運転に寄与する。

　メタ認知はどうすれば身につくのだろうか。その第一歩は「自己理解」である[16]。しかし、自分を理解することは凡人には難しそうだ。ギリシャの哲学者ソクラテスが「汝自身を知れ」あるいは「無知（不知）の知」を唱えたことからも、実行が難しいことがわかる。しかし、運転者教育においては、自分の運転のどこが危険かに気づくのが自己理解だ。指導員に同乗してもらって運転ぶりを指摘してもらったり、コーチングによる指導を受けて自分の欠点に気づいたり、上手な人の運転を観察して自分の運転と比べてみたりすれば、自分の運転をある程度は理解できるようになるだろう。

3節 ｜ 高齢ドライバーの運転技能と自己評価能力

　運転者教育の目標と内容を提示したGDEフレームワークは、提示された目標や内容をドライバーがどのくらい身につけているか評価するのにも役立つ。GDEの教育項目のうちの「知識と技能」の代表として、第1階層の車両操作技能と第2階層の交通状況適応技能を取り上げ、「リスク増加要因の知識と対処」からはハザード知覚能力を取り上げ、「自己評価」項目に関する能力では運転技能の自己評価能力を取り上げて、高齢ドライバーの運転行動を評価してみよう。

　運転行動の第3階層や第4階層に関わる知識・技能やリスク要因や自己評価については、高齢ドライバーは非高齢ドライバーよりその目標をクリアしていると考えられるが、まだそういった研究は少ないのでここでは触れない。

　ところで、本書は第3階層と第4階層に当てはまる運転目標として「安全ゆとり運転」を取り上げたものであり、4章と5章で述べる具体的な安全ゆとり運転の方法は第2階層と第3階層に相当するものである。高齢ドライバーは第1階層や第2階層に相当する技能が低下していると考えられるので、本書によって上位階層の第2階層と第3階層に相当する知識と技能を身につければ、安全運転に役立つだろう。

（1）高齢ドライバーの車両操作技能

　高齢ドライバーの車両操作技能は、アクセルとブレーキの踏み間違い事故が高齢者に多かったり[17]、足の力が弱くブレーキを強く踏めなさそうであったりして、いかにも低下しているかにみえる。それを確かめるために、65歳以上の高齢者249人、30歳から59歳の中年者80人を対象に、自動車教習所のコースで指導員が同乗して、運転者の技能診断をした結果をみてみよう。車両操作技能と交通状況適応技能のうち、表1-3は車両操作技能の診断結果を示した表だ[18]。

　速度調節をみると、高齢者は基本的には速度を出さない、あるいは加速不足にみられるように速度を出せない運転をしている。しかし、速度が出せる場所では、周囲の状況にかかわらず速度を出しすぎるようだ。たとえば、一時停止交差点での速度調節は、出合頭事故に関わる重要な運転技能である。しかし、停止しなかったり、減速して交差点に進入しなかったりする割合は高齢者のほうが多く15％を占めていた。一方、中年者にはカーブ走行や右左折時に速度を出しすぎる人が半数近くいた。

　実際の道路での観察や運転シミュレータ上の実験でも、高齢者の速度調節について同様な結果が得られている。たとえば一時停止率は、高齢者のほうが高いという観察研究もあるものの[19]、高齢者のほうが低いという研究のほう

表1-3　教習所指導員による中年者と高齢者の車両操作技能の診断[18]

運転操作技能	減点者の割合（％）		中年者に多い減点項目	高齢者に多い減点項目
	30～59歳	65歳以上		
速度調節				
加速	3	22		○
直線道路・速度速すぎ	5	12		△
カーブや曲がり角の走行・速度調節	50	35	○	
一時停止交差点・速度調節	8	15		△
信号交差点での直進・速度調節	10	12		
信号交差点での右左折・速度調節	40	32		
障害物等の側方通過・速度調節	25	17		
車庫入れや縦列駐車時・速度調節	15	12		
ハンドル操作				
進路変更・ハンドル操作	0	6		○
カーブや曲がり角の走行・ハンドル操作	5	12		△
障害物等の側方通過・ハンドル操作	5	4		
車庫入れや縦列駐車・ハンドル操作	5	12		△

＊　○は5％水準で両群の差が有意であること、△は10％水準で有意なことを示す。

が多いし[18, 20-21]、停止線を越えてからの速度が高いこと[22-24]も示されている。

　ハンドル操作は、確かに高齢者のほうが中年者に比べ技能低下者の割合が高いが、その数値は10％程度とそれほど高くなかった。

　以上のように、教習所コースのような速度を出せない、他の車がいない状況では、高齢者の車両操作技能の低下はそれほど顕著とはいえない。しかし、ブレーキやハンドルの操作を繰り返すような駐車場での運転操作能力や、緊急時のブレーキやハンドル操作能力は、確かに高齢になると低下して事故につながりやすくなっている[17, 25]。

② 高齢ドライバーの交通状況把握・対処技能

　表1-4は知覚技能や認知技能を反映した交通状況適応技能の診断結果を示した表で、多くの項目で高齢者の減点が多い[18]。まず走行位置やコース取りについてみてみよう。カーブ走行でのコース取りで高齢者に多いのは、あまり減速せずにカーブ地点に進入したときに、走行軌跡がぶれたり、外側に

表1-4　教習所指導員による中年者と高齢者の交通状況適応技能の診断[18]

交通状況適応技能	減点者の割合（%）		中年者に多い減点項目	高齢者に多い減点項目
	30〜59歳	65歳以上		
走行位置やコース取り				
直線道路・走行位置	15	20		
カーブや曲がり角の走行・コースの取り方	8	26		○
一時停止交差点・停止位置不適	28	47		○
信号交差点での直進・走行位置	5	11		
信号交差点での右左折・コースの取り方	55	52		
障害物等の側方通過・側方間隔	10	8		
車庫入れや縦列駐車・コースの取り方	10	28		○
見落としや安全確認				
直線道路・ミラーによる安全確認	13	23		○
進路変更・ミラーによる安全確認	10	31		○
進路変更・目視による安全確認	58	56		
一時停止交差点・目視による安全確認	15	13		
一時停止交差点・標識見落とし	3	17		○
信号交差点での直進・信号見落とし	3	3		
信号交差点での直進・目視による安全確認	10	23		○
信号交差点での右左折・信号見落とし	0	7		○
信号交差点での右左折・ミラーによる安全確認	10	22		○
信号交差点での右左折・目視による安全確認	48	31	○	
障害物等の側方通過・ミラーによる安全確認	3	21		○
障害物等の側方通過・目視による安全確認	30	39		
合図や行動開始時期				
進路変更・合図	20	30		△
進路変更・開始時期	20	23		
信号交差点での右左折・右折の開始判断	13	14		
障害物等の側方通過・合図	8	25		○

＊　○△の意味は表1-3と同じ。

はみだしそうになったりすることだ。一時停止交差点での停止位置不適が高齢者に多いのは、一時停止に気づくのが遅れたり、減速のタイミングが遅れたりして、停止線を越えて停止する人や2段階停止をしない人が多いからである。

　車庫入れは高齢者が苦手とする運転であり、交通適応というより運転操作の問題だ。駐車スペースの奥行の感覚や車幅感覚が鈍くなり、若いころはさっと車庫入れができたのに手間取るようになる。体をひねって目視するの

が面倒になってミラーに頼るが、バックモニターのようには役立たない。そのため駐車場で観察してみると、後退で駐車する人は若い人や中年に比べて少ない。

　次に、標識等の見落としについて高齢者の特徴をみてみよう。先に一時停止交差点での速度調節の減点者が高齢者に比較的多いことを示した。これは車両操作技能が低下して低い速度に移行するのに手間取る面もあるが、一時停止標識や交差点そのものに気づくのが遅れるという交通状況を把握する注意能力の低下にもよる。実際、一時停止標識の見落としは高齢者の17％に達していた。標識の見落としは、一時停止をしないで、また安全確認も不十分なまま交差点へ進入する運転となってしまう。

　進路変更時や交差点での安全確認についてみてみよう。高齢者は、直進時や進路変更時の、ミラーによる確認が難しいようである。交差点での安全確認も高齢者のほうが不適切な人が多かった。この実験では一時停止交差点での目視による不十分な安全確認がとりわけ高齢者に多いわけではなかったが、こうした場所での安全確認の不適切さを指摘している研究もある。所内のコースや実際の路上での頭の振り方のビデオ観察やドライビング・シミュレータを使った実験によれば、確認回数や確認時間が少ないこと[26, 27]、右折時には右方向への確認回数は多いが、事故が多い左方向への確認回数が少ないこと[22, 28]、左折時には首を後方に大きく振っての確認をしないこと[21]が明らかになっている。

　最後に、合図についてみてみよう。合図は自車の動きが変わることを他の車などに前もって知らせることだが、この意味を考えずに何となく合図を出しているドライバーが多い。そのため合図をしなかったり、合図時期が不適切なものになったりする[20]。この実験でも高齢者のほうが合図をしない傾向がみられた。

③ 高齢ドライバーのハザード知覚

　交通状況に適応した運転をするためには、周囲の道路や交通の状況をよ

図1－5　イギリスのハザード知覚テスト[29]

く「見て」、そこに危険性がないかを「読んで」、事故等が起こらないように車の速度や位置を変えていくことが求められる。交通状況の中の危険を「読む」ことは、自動車教習所の授業では「危険予測」として取り上げられ、学科試験にも危険予測問題としてイラスト付きで5問出題されている。日本以外でも、イギリスやオランダやオーストラリアではビデオ映像を使ったハザード知覚テストが免許試験に取り入れられている（図1－5）[29]。

　ハザードというのは、危険源、危険対象物、危険な状態のことで、ある状況の中に存在する事故の可能性をはらんだ危険のことをいう。運転でいえば、自分が運転する車と衝突するかもしれない他の車や自転車、歩行者のことである。あるいは事故の起こりやすい交差点や赤信号で停止している状況もハザードといえる。

　ハザード知覚は、交通を読むこと、その中の危険を予測することであるが、事故の危険性があるハザードとして知覚される交通状況は次の3つに分けられる[20]。

①顕在的ハザード　目に見える危険性が高く、回避的な対処が必要な対象
　　（例：急ブレーキをかけた前を走る車、交差点で信号が黄や赤に変わったときの状況）
②行動予測ハザード　今は危険でないが今後の行動次第で危険が顕在化する可能性がある対象
　　（例：左前方を走る自転車、駐車場から出てくる車）

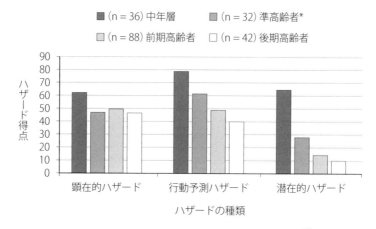

凡例：
- （n＝36）中年層
- （n＝32）準高齢者＊
- （n＝88）前期高齢者
- （n＝42）後期高齢者

縦軸：ハザード得点
横軸：ハザードの種類（顕在的ハザード、行動予測ハザード、潜在的ハザード）

図1－6　加齢に伴うハザード知覚能力の低下[20]

＊　準高齢者の年齢は55〜64歳。

③**潜在的ハザード**　現在、視界の外にあるが、危険を伴う対象が死角に存在している可能性がある場所や地点

（例：右折時に、停止している対向直進車の陰から走ってくるかもしれない二輪車。進路変更時の死角に隠れた車）

こういった対象や状態を発見し、ハザードとして知覚する能力は、イラストやビデオを用いた実験から加齢とともに低下していくことが明らかとなっている。それによれば、顕在的ハザードは高齢になってもそれほど低下しないが、行動予測ハザードと潜在的ハザードは、高齢になるに従って大きく低下する（図1－6）[20]。

図1－6の研究は、実際の交通状況を撮影したビデオ映像と最後の部分の静止画を見て、危ないと思う箇所や気になった箇所を交通場面が描かれた回答用紙上に○をつけて示す方式だった。コンピュータ・グラフィックス（CG）で作成した運転場面を用いて「あなたが危険な運転だと思ったらただちに声で知らせてください」という課題の場合にも、「一時停止標識のある交差点を減速せずに通過」や「横断歩道付近に停止している車両の横を減速せずに通過」のような潜在的ハザードのある状況で危険を感じない高齢者が半数ほどいた[30]。また、「この後、すぐにあなたの運転する車が事故を起こします。

どのような事故が起こるか回答してください」という課題でも、「駐車車両の陰から飛び出した子どもと衝突」や「信号交差点で右折するときに進路を譲ってくれた対向トラックの陰から来た直進二輪車と衝突」といった潜在的ハザードのある場面で、事故内容を予測できた高齢者の割合は他の場面と比べて少なく、3分の1くらいだった[30]。

④ 高齢ドライバーの自己評価能力

高齢者は若いときより自分のことがよくわかっていると思いがちだ。しかし、運転となるとそうではないらしい[15]。自分の運転は安全で、腕前もまだまだ衰えていないと考えてしまう。客観的には運転技能が低下してきているのに、主観的にはまだまだ技能は衰えていないと感じてしまうのだ。これは、自動車教習所での指導員評価と自己評価の結果をみるとよくわかる（図1-7）。年齢が上がると指導員評価は下がる一方で自己評価は変わらないため、結果的に過大評価（自信過剰）となっていく[31]。

高齢者の自己評価で注目すべき点がもう1つある。それは運転技能にかかわらず自己評価が人によってあまり変わらないことだ[32]。図1-8をみてみよう。横軸は教習所指導員の技能評価でチェック回数が多いほど危険な運転

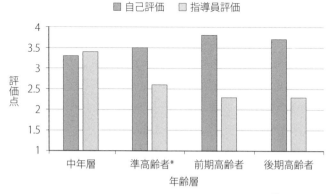

■ 自己評価　　■ 指導員評価

図1-7　加齢に伴う過大評価傾向の増加[31]

＊　準高齢者の年齢は55〜64歳。

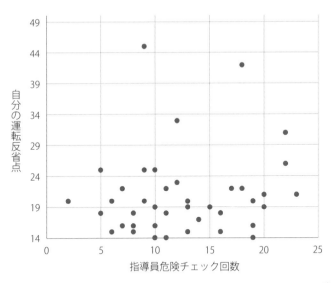

図1−8　高齢ドライバーでは自己評価は指導員評価と無関係[32)]

が多いことを示す。縦軸は高齢ドライバーが同じ運転項目を自己評価した結果だ。この図をみると、危険運転のチェック回数が多い人（危険性が高い人）も、回数が少ない人（危険性が少ない人）も同じような自己評価をしていた。チェック回数が多いのに他の人と同じように自己評価している人は、自分の技能を過大に評価しているといえる。

　運転技能の過大評価が良くない理由は、危ない状況でも自分なら大丈夫と過信して、速度を落としたり、走行位置を変えたり、状況を確認したりといった交通に適応した運転をしなくなってしまうからだ。

　なぜ高齢になると過大評価となりがちになるのだろうか。自己拡張バイアスといって、私たちは誰でも自分を守るために自分に甘い評価をしがちであるが、高齢になるといっそうその傾向が顕著になる。これは加齢のパラドックスあるいはウェルビーイングの逆説と呼ばれる高齢者にみられる心の働きで、幸福感などにもみられる。一般に若いときより身体的、金銭的に恵まれていないはずなのに幸福と感じるのだ。運転の場合も、運転の安全さや上手さは目で見えないこともあって、自分の運転は安全だ、上手だと思ってしま

うようだ。

　運転技能といっても先に示したように多岐にわたる。高齢者がとくに過大評価しがちな運転技能はどんなものだろうか。安全確認や合図やブレーキの踏み方などのほうが速度やふらつきなどより過大評価しやすいが、安全確認などは自分が適切に行っているかどうかを自分で確認しにくいからだろう[9, 33, 34]。

　運転技能の自己評価能力を改善させるには、自分の運転技能や運転スタイルを自覚させる必要がある。その方法としては、自分の運転や適性検査の客観的な診断結果をみたり、自分の運転をビデオやCG映像で見たり、他人の運転行動を観察したり、コーチング技法で自分の運転ぶりを自らが気づいたり、ワークブックなどを使って自分の運転を反省したりする方法がある[35-37]。ワークブック的要素を取り入れた本書を読むこともその1つだ。

文献 ･･

1）松浦常夫（2005）．初心運転者の心理学．企業開発センター交通問題研究室．

2）相川充（1991）．社会的技能．山本多喜司（監修），発達心理学用語辞典（p. 132）．北大路書房．

3）長山泰久（1989）．人間と交通社会──運転の心理と文化的背景．幻想社．

4）蓮花一己（1996）．交通危険学──運転者教育と無事故運転のために．啓正社．

5）日本自動車工業会（2021）．いきいき運転講座 危険予知トレーニング レベル2 5 この場面にどんな危険があると思いますか？ http://www.jama.or.jp/safe/pdf/reader/reader_06.pdf

6）松浦常夫（2014）．統計データが語る交通事故防止のヒント．東京法令出版．

7）Elander, J.,West, R., & French, D.J. (1993). Behavioral correlates of individual differences in road-traffic crash risk: An examination of methods and findings. *Psychological Bulletin*, 113(2), 279-294.

8）大塚博保・鶴谷和子・藤田悟郎・市川和子（1992）．安全運転態度検査SAS592の開発．科学警察研究所報告交通編，33(2)，45-51.

9）岡村和子・藤田悟郎（1997）．安全運転講習中に観察された高齢運転者のパフォーマンス．科学警察研究所報告交通編，38(2)，126-135.

10）苧阪直行（編著）（2008）．ワーキングメモリの脳内表現．京都大学学術出版会．

11）Michon, J.A. (1985). A critical view of driver behaviour models: what do we know, what should we do? In L. Evans & R.C. Schwing (Eds.) *Human behaviour and traffic safety* (pp. 485-524), New York: Plenum Press.

12）Keskinen, E. (1996). Why do young drivers have more accidents? *Junge Fahrer und Fahrerinnen* (Mensch und Sicherheit, Heft M52). Koln, Germany: Bast.

13）Tillman, W.A., & Hobbs, G.E. (1949). The accident-prone automobile driver: A study of the psychiatric and social background. *American Journal of Psychiatry,* 106(5), 321-331.

14）Hatakka, M., Keskinen, E., Gregersen, N.P., & Glad, A. (1999). Theories and aims of educational and training measures. In S. Siegrist (Ed.), *Driver training, testing and licensing: Towards theory-based management of young driver's injury risk in road traffic*, Results of EU-Project GADGET, Work Package 3 (BFU Report 40). Berne, Switwerland: BFU.

15）松浦常夫（1999）．運転技能の自己評価に見られる過大評価傾向．心理学評論，42(4)，419-437.

16）太田博雄（編）（2018）．コーチングによる交通安全教育──メタ認知の向上をめざして．ナカニシヤ出版．

17）交通事故総合分析センター（2018）．アクセルとブレーキペダルの踏み間違い事故──高齢ドライバーに特徴的な事故の防止に向けて．イタルダインフォメーションNo.124.

18）全日本交通安全協会（1998）．高齢運転者の運転適性の自己診断法に関する調査研究報告書．

19）藤本裕行・三井達郎（2002）．無信号交差点における高齢者の運転行動．科学警察研究所報告交通編，42(1)，51-57．

20）蓮花一己・石橋富和・尾入正哲・太田博雄・恒成茂行・向井希宏（2003）．高齢ドライバーの運転パフォーマンスとハザード知覚．応用心理学研究，29(1)，1-16．

21）蓮花のぞみ・多田昌裕・臼井伸之介・蓮花一己（2010）．交差点における高齢ドライバーの運転行動と自己評価の関係——非高齢ドライバーとの比較．交通科学，41(2)，55-65．

22）Yonekawa, T., Sasaki, K., & Iwazaki, K. (2014). Driving behavior analysis of elderly drivers passing through stop sign intersection using driving simulator. *International Journal of Automotive Engineering*, 5(4), 137-144.

23）蓮花一己・多田昌裕・向井希宏（2014）．高齢ドライバーと中年ドライバーのリスクテイキング行動に関する実証的研究．応用心理学研究，39(3)，182-196．

24）佐藤桂・竹中邦夫・永井正夫（2016）．無信号交差点における高齢ドライバの運転行動の解析．自動車技術会論文集，47(3)，767-773．

25）松浦常夫（2017）．高齢ドライバーの安全心理学．東京大学出版会．

26）米川隆・青木宏文・山岸未沙子・田中貴紘・吉原佑器・藤掛和広…武田夏佳（2020）．ドライブレコーダで計測した一時停止交差点での緊急制動頻度・左右確認行動と高齢ドライバの認知身体特性・運転意識の関係．自動車技術会論文集，51(4)，701-706．

27）橋本博・細川崇・平松真知子・新田茂樹・吉田傑（2010）．高齢運転者の交差点通過時の運転行動実態把握．自動車技術会論文集，41(2)，527-532．

28）田中貴紘・米川隆・青木宏文・山岸未沙子・高橋一誠・稲上誠・金森等（2017）．高齢者を含むドライバの一時停止交差点通過時の運転行動と生体機能の分析——運転寿命延伸を目指したドライバ運転特性研究．自動車技術会論文集，48(1)，147-153．

29）GOV.UK (2021). Hazard perception clips get a modern makeover. https://www.gov.uk/government/news/hazard-perception-clips-get-a-modern-makeover

30）三井達郎・岡村和子（2008）．高齢者の認知特性を考慮した運転者教育．安全工学，47(6)，369-377．

31）蓮花一己（2005）．高齢ドライバーのリスク知覚とリスクテイキング行動の実証的研究．平成14年度〜16年度科学研究費補助金（基盤研究B）研究成果報告書．

32）Matsuura, T., Ishida, T., & Ishikawa, H. (2016). Does the perception of one's own driving ability relate to self-regulatory driving among older drivers? *International Journal of Psychology*, 51, Special Issue: 31st International Congress of Psychology, 1148 (OR2087) 24-29 July 2016, Yokohama, Japan. onlinelibrary.wiley.com/doi/10.1002/ijop.12356

33）藤川美枝子・西山啓（2002）．高齢ドライバーの運転行動上の自己評価に関する研究．交通心理学研究，18(1)，1-6．

34) 中井宏・臼井伸之介（2008）．過大評価されやすい運転技能要素とドライバー特性の関連．交通科学, 39(1), 53-59.

35) 蓮花一己・太田博雄・向井希宏・小川和久（2010）．コーチング技法を用いた高齢ドライバーへの教育プログラムの効果．交通心理学研究, 26(1), 1-13.

36) 奥山祐輔・太田博雄（2021）．高齢運転者のための自己評価能力教育プログラム開発——「ミラーリング法」による教育の可能性．交通心理学研究, 36(1), 22-30.

37) 松浦常夫（2008）．高齢ドライバーのための安全運転ワークブック 実施の手引き．企業開発センター.

2章

高齢ドライバーの事故

1節 | 高齢ドライバーの事故危険性

　2019年春に、元通産省幹部の80代男性の運転する車がブレーキとアクセルのペダル踏み間違いで暴走し、通行人を次々とはねる事故が池袋で発生した。横断歩道を自転車で渡っていた母子2人が死亡し、これをきっかけに高齢ドライバーを見る目がいっそう厳しくなった。この時期ほどではないにしても、今後も高齢歩行者を含めた高齢者の交通事故報道は続くだろう。この節では高齢ドライバーの事故の起こしやすさを事故統計から明らかにし、その背景にある心身機能低下と病気について解説する。

1) 高齢ドライバーの事故が話題となる理由

　高齢ドライバーの事故はなぜ注目されるのだろうか。その最大の理由は、平成に入ってから目立ち始めた人口の高齢化とそれに伴うドライバーの高齢化だ。図2-1をみてみよう[1]。30年前の平成の初め（1990年）には65歳以上の高齢者は免許保有者の5％にすぎなかった。人身事故（負傷事故と死亡事故

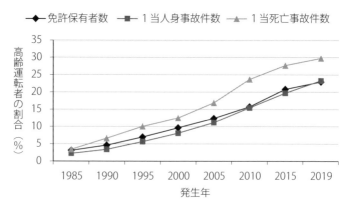

図2-1　免許保有者、人身事故、死亡事故に占める高齢運転者の割合[1]

の合計。全事故あるいは単に事故ともいう）も死亡事故も5％前後しか発生していなかった。しかし、その後は免許保有者も事故も右肩上がりに上昇し、現在ではドライバー4人に1人が高齢者で、死亡事故は30％を占める。死亡事故は1日で10件近く起きるから、高齢ドライバーによる死亡事故も日々2件か3件は起きていることになる。高齢ドライバーが起こした死亡事故が、毎日ニュースで取り上げられても不思議はない。

　もう1つの理由は、身体的にも社会的にも弱者とされる高齢者が車を利用してとんでもない事故を起こすというニュース性にある。池袋での事故の前にも、高速道路での逆走、コンビニや園児・児童の列への突っ込みなどがあって、高齢ドライバーの危険性がクローズアップされていた。これを事故統計から裏づけるデータは、高齢者に第1当事者が多いことだ。第1当事者（1当）とは事故を起こした人のうち過失の大きいほうの人をいう。過失の程度が同じ場合は被害が少ないほうをいう。一方、過失が少ないほうの相手は第2当事者（2当）と呼ばれる。

　図2-2に、事故に関与した四輪運転者が第1当事者であった比率を年齢層ごとに示した[2]。四輪車の運転者は、第2当事者がいない車両単独事故を起こしたり、相手を死傷させることが多い歩行者や自転車や原付・二輪との事故が多かったりして、第1当事者になりやすい。そのため第1当事者率は

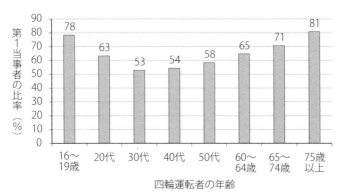

図2-2　四輪運転者の年齢層別にみた第1当事者率[2]

＊　第1当事者率とは、第1当事者の人数を第1当事者と第2当事者の合計人数で割った割合を示す。

各年齢層とも50％を超えるが、中でも若者と高齢者はこの比率が高い。若者に1当が多いのは意図的な違反が多いためで、高齢者の場合はヒューマンエラーの違反が多いためだろう。

② 高齢ドライバーは事故を起こしやすいか

　高齢ドライバーの事故が多いかを、免許保有者数あたりの人身事故件数と死亡事故件数で調べてみよう。図2−3に示されているように、若者と並んで高齢者の事故件数は多い。しかしよくみると、高齢者といっても74歳までの前期高齢者の事故は人身事故も死亡事故も中年ドライバーとあまり変わらない。事故が増えるのは75歳以降だ。しかも人身事故は増えたといっても10代や20代前半の若者より少ない。とくに増加するのは死亡事故だ。

　「高齢ドライバーといっても前期高齢者の事故は多くなく、増加するのは後期高齢者となる75歳を過ぎてからである」という結果は、少し意外に思われるかもしれない。直観的には前期高齢者も事故をたくさん起こしているはずだからだ。

　なぜ意外な結果が得られたかというと、図2−3は、各年齢層が免許人口

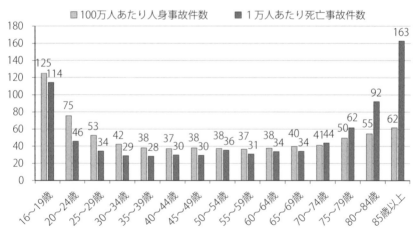

図2−3　運転者の免許人口あたりの年齢層別事故件数[3、4]

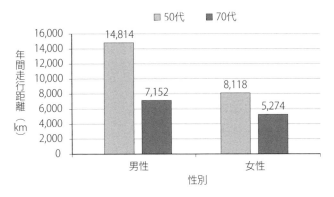

図2-4　中年（50代）と高齢者（70代）の男女別にみた年間走行距離[5]

あたりでどれくらい事故を起こしているかを示しているが、厳密には事故の起こしやすさを示してはいないからだ。事故の起こしやすさは、各年齢層が同じ道路交通環境下で同じだけ運転したときの事故件数で表される。ふつうは便宜的に年間走行距離あたりの事故件数が指標として用いられる。

　そこで高齢者と他の年齢層の年間走行距離を調べてみた。図2-4に示すように50代と70代を比較すると、男性では高齢になると走行距離は半分になり、女性でも3分の2となる[5]。これは、図2-3に示す事故件数が50代と70代で仮に同じだとしても、走行距離あたりでみれば、70代のほうが1.5倍から2倍近く事故を起こしやすいことを意味する。つまり、同じ距離だけ運転すると、図2-3に示す以上に高齢者の事故件数は多くなり、高齢者は事故を起こしやすいという結果になる。

　まとめると、高齢者は事故を起こしやすいが、走行距離が少ないので実際に起こしている事故はそれほど多くない。ただし、75歳を超えると人身事故は増加し、とくに死亡事故が急増する。

③ 高齢ドライバーの死亡事故：死ぬのは誰だ

　高齢になると死亡事故が増えることがわかったが、死亡するのは第1当事者の高齢者自身だろうか、それとも事故の相手（第2当事者）だろうか。ま

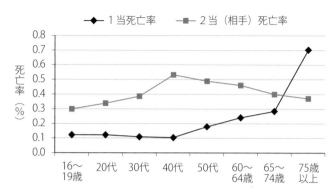

図2-5　1当運転者の年齢層別にみた死亡率と2当（相手）の死亡率[6]

た、高齢者には1当だけでなく2当として死亡事故に関与した人数も多いのだろうか。

　まず、事故を起こした1当運転者が死亡しているのか相手（2当）が死亡しているのかについて、高齢者と他の年齢層を比較してみよう。図2-5の死亡率は、四輪を運転していた人が事故を起こしたときにその1当運転者が死亡した割合と相手（2当）が死亡した割合を示す。図をみると、高齢になるほど事故を起こすと自分が死ぬ事故の割合が増え、また相手が死ぬ事故の割合が減少していく。とくに75歳以上になると、死ぬのは相手より自分のほうが多くなる。つまり、図2-3で示したように、高齢になると死亡事故を起こす件数が増えるが、それは事故で自分が死亡しやすいためであった。

　2当運転者として事故にあったときも高齢になると死亡しやすいのかについて調べてみても、高齢になるとその割合が増え、とくに75歳を超えると急激に増えていった。

④ 高齢になると事故を起こしやすくなる理由

1．加齢による老い

　高齢ドライバーが危険なのは、高齢になると老いや病気が運転に悪影響を与えるからである。加齢は人がたどる宿命で、肌や髪のツヤなどは20代が

ピークで以後、次第に衰えていく。運転に必要な能力もそれほど急ではないが中年になると陰りが出てくる。運転には、交通状況を読んで危険を予測しながら運転する能力が一番重要だが、その基礎となる動いているモノを捉える視覚や脳の働きである注意や判断能力は、中高年になるとだんだん低下していく。

　加齢による短い時間内での情報処理能力の低下は、運転時のヒューマンエラーを招きやすい。標識や信号を見落とすとか、相手の動きを見誤るといったエラーだ。これは客観的にみると違反である場合もあるし、そうでない場合もあるが、いずれにせよ事故の危険性を高める。加齢によりどんな心身機能が低下するかについては、次の5項で詳しく述べよう。

　加齢による老いのもう1つの悪影響は、1章の3節でも述べたが、老いの自覚が足りずに自分の運転能力を過信することだ。そうすると若いときと同じようなスピードでカーブを曲がったり、同じような感覚で交差点に進入したりしてしまうし、安全教育をしても自分には関係ないと軽視しやすい。

2.　不安全行動の習慣化

　教習所で正しい運転方法を習ったはずだが、免許を取って1人で運転するようになると、途端にそれを忘れて自分がしたいような運転や他の人につられた運転をしてしまいがちだ。交通ルールは、取り締まりや事故の可能性の他に、ルールを守ろうという良心（心理学でいう命令的規範）と他の人と同じことをすれば問題ないという判断（記述的規範）によって、守られたり破られたりする[7]。そのため、ルールを守らなくても危険でないし、かまわないと考えると自己流のルール違反行動が行われるようになるし、多くのドライバーが守っていないルールに対しては、自分も守らなくてよいと考えるようになってしまう。

　実際、ルールを守って運転しなくても、ほとんどの場合は違反で捕まったり、事故を起こしたりすることはない。そのためルール違反行動は次第に習慣化する。習慣化すると、以前のように危険でないから行うのではなく、何も考えないで行ってしまう。たとえば、ある交差点では長年の経験からめっ

たに車や人がやって来ないとわかると、いつの間にか形式的な一時停止や確認になってしまい、最後には減速しただけでほとんど注意しないで通過するようになってしまう。

　中高年になるまで大した事故を起こさないでくると、こういった習慣化した運転が多くなる。もちろん高齢者であっても、左右から車が来るのを見て危険を察知すれば、ふだんは停止しない場所でも停まるはずだが、そういった危険察知能力や習慣を抑制する能力は高齢になると衰えてしまう。そのため自己流の運転を習慣的に続けていくと、今までは避けられた事故も避けられなくなってしまうのだ。

3．その他の理由

　高齢になると老いたり、仕事をやめたりして、車を運転する頻度や走行距離が少なくなる。そのため運転の勘や技能がだんだん衰えてくることも考えられる。中高年に限らず、一般的に走行距離あたりの事故件数は年間走行距離が少ない人ほど多いのだが、高齢になるとこれに該当する人が増えてくる。これを低走行距離バイアスと称して高齢ドライバーの事故は実は多くないと主張する研究者もいるが[8]、老いによって走行距離が少なくなる人が多くなるのだから、事故原因はやはり老いであり走行距離が少ないことではないと筆者は考える。ともかく、老いた身で運転を続けるのと運転をひかえるのを比べれば、ひかえるほうが安全である。

　また、高齢になると意欲・関心面で世の中の流れについていけなくなる。スマホでの買物やインターネット・バンキングなど、筆者もしたことがない。運転の世界でも、カーナビやETCや安全運転サポート技術など「ハイテク」に慣れないといけない。

　現在の高齢者は今どきの運転者教育を自動車教習所で受けていない。教習所の教育・訓練も50年もたてば向上しているはずだ。しかし、高齢者も更新時講習や高齢者講習で新しい知識を得ているから、最初の教育の違いが今でも事故増加に影響しているかどうかは不明である。

⑤ 事故に影響する心身機能低下と病気

1. 事故要因で多いのは発見の遅れ

　運転者は他の車や人に注意しながら、交通ルールに従ってかなりの速度で車を操作して、道路上を移動していく。そこでは知覚・認知（視力などの視覚、危険予測、注意）、判断（どう運転するかの判断）、操作（ハンドルやブレーキの操作）が要求される。交通事故統計や事故の詳細調査によれば、事故原因の4分の3は、衝突相手の発見が遅れたことによる（表2-1）[9]。つまり、事故の多くは相手に気がついたときにはもう回避が手遅れであったということだ。運転に必要とされる「認知・判断・操作」の中でも、とくに認知が重要といえそうだ。ただし、この場合の認知とは視覚と注意に代表される感覚・知覚機能である点に注意しよう。認知機能検査でいう認知は高次認知機能を指し、「認知・判断・操作」の判断に相当する点がややこしい。

　以下では、加齢による機能低下と事故の関連について、まず発見の遅れに関わる視覚と注意を説明し、次いで判断と操作について解説しよう。

表2-1　事故の運転者要因[9]

事故要因区分		事故件数	%
大分類	中分類		
発見の遅れ	前方不注意（漫然運転等）	40,300	11
	前方不注意（わき見等）	62,983	18
	安全不確認	175,304	49
判断の誤り等	動静不注視	43,517	12
	予測不適	5,321	1
	交通環境	4,307	1
操作上の誤り	操作不適	25,484	7
調査不能		646	0
合計		357,862	100

2. 視覚

　人や車や信号・標識を認知するためには、それらを見る視覚能力が必要

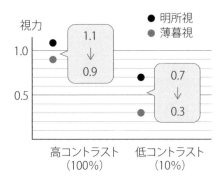

図2-6　薄暮のときと、環境と物体のコントラストが低いときの視力は低い [12]

だ。まず視覚を代表する視力について考えてみよう。視力は運転免許を取る
ときや更新時の検査項目であり、普通免許取得者は両眼で0.7以上はあるは
ずだ。ただし、若いころは1.0であっても視力は加齢とともに低下していき、
40代以降では10歳ごとに0.1から0.05くらい低下する [10, 11]。

　視力が安全運転に影響するのは明らかである。視力が低いと標識を識別で
きなかったり、車内の計器が読みにくくなったりしやすいからだ。また、視
力検査で測る視力は、まっすぐ前を見て対象を捉えたときの中心視野の静止
視力（中心視）で、最も視力が高い。しかし、視線方向から離れると視力は
急激に低下してしまう。そのため運転中に視線からはずれたところにいる
対象物は、高齢者のように視力の低い人はもっと見逃がしやすくなる。さ
らに、静止視力が高くても、自分や相手が動いているときの視力（動体視力）
や暗いところでの視力（周囲が暗いときの視力、あるいはモノとモノの明るさにあ
まり差がみられないときの低コントラスト視力）は、それよりずっと低下する（図
2-6) [11, 12]。4章に示すように、高齢者には夜間の運転をひかえる人が多いが、
周囲が暗く、コントラストも低い夜間は、非高齢者と比べてもっと見えにく
くなるからだ。

　ところで、視力（静止視力）が低いほど事故を起こしやすいと予想される
が、多くの研究結果をまとめると、その関係はそれほど強くはない [13]。それ
は免許更新で視力検査が行われるので、運転に必要とされる視力の持ち主

（日本の普通免許なら0.7）が調査対象となって、視力の低い人が含まれていないからだ。また、運転者の中でも視力が悪い人、目の病気を持った人は運転をひかえる可能性が高く事故にあいにくいからでもある[14]。視力が重要な点は、常識的にも、また多くの調査研究が示すように間違いない。

　静止視力以外にも、運転に影響する機能には、動体視力やコントラスト感度や視野などがある。こういった視機能は視力以上に加齢の影響を受けやすいし、視力以上に運転や事故に影響を与えることがある[13]。

　高齢になると目の病気も増えてくる。中でも白内障は視力低下をもたらす病気の代表だ。白内障は、カメラのレンズに相当する水晶体が様々な原因で濁る病気である。水晶体で光が散乱するため、かすんだり、モノが二重に見えたり、まぶしく見えてしまう[15]。進行すれば視力が低下し、眼鏡でも矯正できなくなる。そのため白内障の人は正常者より2倍ほど事故を起こしやすいといわれる[16]。ポピュラーな目の病気で、早い人では50代から発症し、80代では大部分の人で白内障が発見される[17]。しかし、白内障手術は年々進歩しており、安全な手術となり、早期の視力回復が可能となった[15]。

　視野欠損を生じさせる目の病気の代表は緑内障だ。緑内障は眼圧の上昇などにより視神経が圧迫されることによって発症する[15]。見える範囲（視野）が狭くなったり、見えない場所（暗点）が出現したりするので、白内障以上に運転に悪影響を与える[18]。

　しかし、緑内障になっても、中心部がよく見えれば、病気の進行は緩やかなので自覚されず、免許の取得・更新もできてしまう[19]。緑内障は、わが国における失明原因の第1位を占めており、日本緑内障学会で行った大規模な調査（多治見スタディ）によると、有病率は70代では10.5％に達する[20]。

　このため警察庁主催の「高齢運転者交通事故防止対策に関する有識者会議」でも、緑内障等の視野障害を伴う目の病気が加齢により増加し、自覚しないまま進行して交通事故のリスクとなっていることが指摘された[21]。これを受けて、警察庁では高齢者講習で視野の欠損を測定する新しい視野測定器の導入を進めている。

3. 注意

　運転中は信号や標識などで示される交通規制に従い、また他の車や歩行者などの動向や前方の道路形状や路面の状態を見ながら車を操作する必要がある。つまり、様々な対象に注意を払って運転しなければならない。

　注意には、持続、選択、分割の機能がある。持続というのは、自分の運転に関係しそうな対象や自分に危険が及びそうな対象や自分が危険を及ぼす対象がないか、探索を続けることである。そのためには絶えず視線を走らせ、耳をそばだて、振動を感じて、運転を続ける必要がある。しかし、こうした注意の持続力は加齢に伴って低下していく。

　選択は、運転にとって無関係なものは無視し、重要な対象に注意を注ぐことである。しかし、加齢により関連する対象を探すのに時間がかかり、見逃しも増えるようになる[22]。運転適性検査の選択反応検査はこの能力を測るものだ。たとえば、筆者が科学警察研究所に勤務していたときに関わったコンピュータ制御の運転適性検査のはしりであるCRT運転適性検査の中にアクセル・ブレーキ反応検査（3刺激選択反応検査）がある。これは画面上にランダムに呈示される青、黄、緑の刺激に対して、青のときにはブレーキペダルを踏み続け、黄のときは素早くアクセルペダルから足を離し、赤のときには素早くアクセルペダルからブレーキペダルに足を踏みかえる検査で、刺激に対する反応の速さと正確性を調べる。その結果をみると（図2-7）、加齢に従って反応時間はわずかに増加するだけであったが（0.78秒から0.85秒）、誤反応は中年から高齢になると急に増えていき、70歳以上になると2.7回もあった[23]。

　注意の分割あるいは配分は、注意すべき対象がいくつかある場合に、それらに注意を配分していく能力である。そもそも運転は視覚的探索と運転操作というマルチ・タスク（多重課題）であるが、視覚的な注意対象がいくつかある場合は、さらに複雑なマルチ・タスクとなる。運転適性検査の注意配分検査はこの能力を調べるもので、これも加齢に従って低下していく。先に述べたCRT運転適性検査の中の側方警戒検査は、画面の中央部で数字に対し

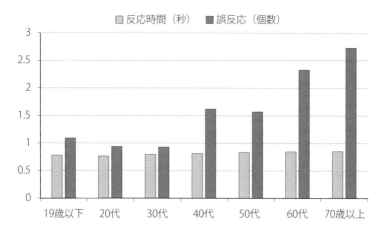

■ 反応時間（秒）　■ 誤反応（個数）

図2−7　選択反応（アクセル・ブレーキ反応）検査の年齢層別反応時間と誤反応数[23]

　て反応しながら、周辺部にランダムに現れる刺激図形にも反応するという注意配分検査であるが、この検査でも中央部分と周辺部分での誤反応は加齢に従って増加した。20代と比べて70代は、中央部分での誤りが2.5倍、周辺部での誤りが3.5倍もあった[23]。

　ところで、アメリカで開発され、視力などの視覚機能よりも事故件数と関係があるとみなされている注意能力検査にUFOVテストがある。これは日本の選択反応検査と注意配分検査を合わせたような検査で、視覚刺激に対する情報処理の速度、注意配分能力、選択反応能力を測定する。この検査で成績の悪かった高齢者はそうでない高齢者より約2倍、その後の事故率が高かった[24]。

4．判断

　危険対象物（ハザード）を発見後、それが自分の運転に危害（リスク）をもたらすのか検討し、どう対処したらよいかを、ドライバーはいつも意思決定して運転している。こうしたリスク認知や対処法の判断を誤っての事故は、統計上は発見の遅れ事故より少ない（表2−1）。しかし、発見に先立って運転の方法や注意の向け方を決めるのはドライバーの判断であって、統計には

あがってこないが、この判断の誤りによって発見が遅れることも多い。

　高次認知機能である判断力が衰えると、意思決定の誤りだけでなく、安全運転に関係のない情報にこだわったり、注意ができなくなったり、一度に複数の情報を処理できなくなったり、自分の運転能力を過信したりするようになる。こうした精神機能の低下は加齢によって誰にでも起こりうるが、正常であった記憶や思考などの能力が脳の病気や障害のために低下していくと、認知症と呼ばれる病気に発展する。

　認知症にはアルツハイマー型などいくつかの種類があるが、どの認知症にも共通する症状は、記憶などの認知機能障害と行動・心理症状である。記憶障害の典型は「さっきのことが思い出せない」というもの忘れであり、しゃべりたい言葉がしゃべれない（失語）、意味のある動作ができない（失行）、周りの状況を把握できない（失認）、段取りができない（実行機能低下）といった認知障害も生じる。さらに、暴言・暴力、徘徊・行方不明、妄想といった行動異常があって家族を困らせる[25]。

　認知症までには至っていないが、もの忘れの頻度や程度がふつうの高齢者よりやや進んでいる人がいる。このような人は軽度認知障害（MCI）と呼ばれ、日常の生活には問題がないが、アルツハイマー型の認知症の予備軍である[26]。

　高齢ドライバーの中で認知症患者とそうでない人との事故率を比較すると、2倍以上認知症患者の事故が多い[27]。症状が軽い初期のうちはそれほど事故率は高くないが、ほとんどの認知症患者は運転能力の低下を自覚せず、運転を継続したがる。また、高齢になると発症率が高くなり、65～69歳での有病率は1.5％だが、以後5歳ごとに倍増し、85歳では27％に達する[25]。

　そのため2009年から、75歳以上の高齢ドライバーには高齢者講習の受講前に認知機能検査が課せられるようになった。また、信号無視や一時停止違反などの一定の交通違反をした場合にも、臨時に認知機能検査が課せられている。

　この認知機能検査は、時間の見当識（今日は何年、何月、何日かなどを回答）、手がかり再生（4個のモノや動物などのイラストを見て、後で思い起こす。図2-8

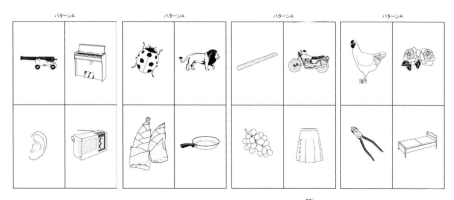

図2−8　手がかり再生検査の例[28]

参照）[28]、時計描画（時計の文字盤を描き、指定された時刻を示す長針と短針を描く）などから構成されている。この検査で第1分類（認知症のおそれあり）とされると、医師の診断が義務づけられ、認知症と診断されると免許の取り消しや停止となる。

　認知機能検査で第1分類とされるのは、2018年では受検者の2.5％であった。そう分類された後は、免許を自主返納したり、認知症ではないと診断されたりする人が多く、実際に免許を取り消される人は5％と少ない[29]。この結果から現行の認知機能検査はあまり妥当ではないと思われるかもしれないが、2019年に第1分類と第2分類（認知機能低下のおそれあり）と判定された人の割合は、認知機能検査受験者全体では25％であったのに対して、同年に75歳以上の運転者で死亡事故を起こした人では、その割合は40％と高く、認知機能低下が死亡事故を起こしやすい傾向がみられた[30]。このように認知症のスクリーニング検査の妥当性は認められるが、それよりも疑いありと判定されると運転をひかえる人が多くなるようだ。そのため最近の研究結果では、認知症の人であっても検査後の事故は少なくなる[31,32]。

　ところで、認知症患者は確かに危険な運転をするが、認知症の初期はそれほど危険ではないし、認知症患者以外にも危険な運転をする高齢者は存在する。危険な高齢ドライバーを見つけるには、認知症検査以上に実車を使った検査のほうが直接的だ。そこで2020年の道路交通法改正によって、高齢者

講習参加者のうち70歳から74歳の人には実車指導が行われ、75歳以上で信号無視などの一定の違反をした人に対しては認知機能検査の前に運転技能検査を義務づけ、それに合格しない人には免許更新をしないこととなった[33]。

また、今後はさらに高齢ドライバーが増加すると見込まれている。そのため、現在の認知機能検査が果たしているスクリーニング機能を維持しつつ、高齢ドライバーや実施機関の負担が少ない検査を警察庁では模索している。その一例が紙での検査からタブレットを用いた検査への移行だ[33]。

5. 操作

操作の誤りを原因とする事故の割合は7%と少ない（表2-1）。しかし、死亡事故に限るとその割合が増加し、65歳未満で15%、65歳以上では23%に達する[9]。75歳を超えるととくにブレーキとアクセルの踏み間違いが多くなる[9, 30]。運転適性検査では、動作は速いが正確性が劣る人に事故が多いとされるが、高齢者の場合には、両方の能力が低下していく。そのため、操作の誤りの中には、操作に手間取って間に合わなくなったケースもあるが、その

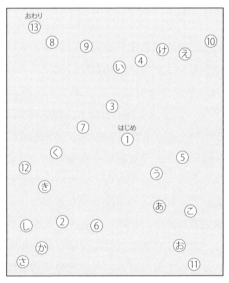

図2-9　トレイル・メイキング・テスト Part B（TMT-B）[34]

前段階の発見や判断が遅れて、正しい運転操作ができなくなったというケースも多いはずだ。

　いずれにせよ加齢に伴って、筋力が低下し、動作が鈍くなるのは否めない。それがとっさのときのハンドルやブレーキ操作の遅れや、操作誤りにつながるのだ。また、高齢になると体幹や首の柔軟性が低下して、左右や後方を見るのに苦労する[22]。

　最後に、視覚探索という注意機能と記憶と視覚運動協調性を評価する検査であるトレイル・メイキング・テストをやってみよう[34]。図2-9に「1」から「13」の数字と「あ」から「し」までの平仮名が記されている。これを見て、「1→あ→2→い→3→う……」というように、数字→平仮名の順に線をつなぐのだ。この図版でのテストの標準時間は2分である。早速、鉛筆を持って線でつないでみよう。

　2分でできただろうか。交差点などでは信号や車や歩行者など、注意を向けるべき対象が多い。そこではこういったテストで要求されるような注意能力が必要とされるのだ。

2節 ｜ 高齢ドライバー事故の特徴

　この節では高齢者が起こしやすい事故を3つの状況パターンに分けて検討する。分類の視点は、高齢者がある危険な状況や環境での運転を回避できるかできないかであり、また危険性や回避可能性にかかわらずある状況や環境でふだん運転をしているかである。危険な状況や環境での運転が回避できなければ、老いの悪影響によってそうした状況・環境下での事故を起こしやすい（パターン1）。また、危険性などとは関係なく、ふだんよく運転している状況や環境では事故が発生しやすい。よく運転する状況・環境とは、1つは危険な環境（たとえば夜間）を避けた環境であり（パターン2）、もう1つはそれほど危険な状況・環境ではなく、ふだんから運転する状況・環境である（パターン3）。

① 運転回避ができずに老いが影響した事故

　高齢ドライバーの事故の特徴といえば、まず老いを反映した事故があげられる。否応なく遭遇する危険な状況や環境下では、高齢者は老いの悪影響のために事故を起こしやすいからだ。表2-2にそうした事故をあげてみた（パターン1の事故）。

　この表に示すのは、2019年に全国で発生した四輪運転者（第1当事者）が起こした事故の統計である。その中から40代と65歳以上の高齢者を選んで、運転を回避できずに老いの影響のために高齢者に多くみられる事故時の環境や運転状況があるか調べてみよう[35]。

1．事故類型からみた運転回避不能で老いが影響した事故

　まず事故類型をみてみよう。事故類型は事故のタイプを示す日本独特の調査項目で、事故発生時の人や車の動きで事故のタイプを表現している。高齢

表2-2　危険な状況・環境下での運転を回避できずに老いが影響した事故[35]

統計調査項目	年齢差がある カテゴリー	カテゴリーの割合（%）		割合の差
		40代	65歳以上	
(1) 事故				
事故類型	人対車両	11.5	14.0	2.5
	追突	36.9	23.1	-13.8
	出合頭	23.8	28.2	4.4
	右折時	8.4	9.7	1.4
	車両単独	1.2	2.7	1.6
(2) 道路・交通環境				
道路形状	信号交差点	16.3	19.7	3.5
	無信号交差点	24.5	27.8	3.3
	単路-直線	38.7	31.1	-7.7
	その他（駐車場等）	4.6	7.1	2.6
相手車両の速度	時速10km以下	61.0	49.6	-11.4
	10km超	39.0	50.4	11.4
(2) 運転者の状況・行動				
行動類型	直進	45.7	41.4	-4.3
	左折	8.5	9.6	1.2
	右折	14.9	17.7	2.8
	後退	5.5	7.5	2.0
法令違反	信号無視	2.9	3.9	1.0
	一時不停止	3.9	5.3	1.5
	優先妨害等[*1]	6.5	8.4	1.5
	運転操作不適	5.0	7.2	2.1
	漫然運転	8.3	6.5	-1.8
	わき見運転	15.5	10.5	-5.0
	動静不注視	11.4	7.5	-3.9
	安全不確認	32.9	35.9	3.0
運転者要因	漫然運転	12.9	10.0	-2.9
	わき見運転	18.8	13.7	-5.1
	安全不確認	50.0	56.1	6.1
	判断の誤り等	13.1	11.9	-1.3
	操作不適	5.0	8.1	3.1
人身損傷程度	死亡	0.1	0.4	0.3
	重傷	0.3	1.1	0.7
	軽傷	2.6	3.1	0.5
	無傷	96.9	95.4	-1.6
発作・急病[*2]	あり	0.03	0.08	0.05
	なし	99.97	99.92	-0.05

*1 優先妨害等は通行妨害（車両等）、優先通行妨害等、歩行者妨害等、横断自転車妨害等の違反をまとめたものである[36]。
*2 年齢比較は18～54歳と75歳以上。対象年は2007年から2012年の計[37]。

者に多いのは、まず出合頭事故や右折事故といった、避けて通れない交差点での車両相互の事故だ。両事故とも、交差点という複雑な道路交通環境下で、直進していた動きを変える必要のある場面で発生している。

出合頭事故では、交差点があり、そこに一時停止規制があることを認知し、一時停止をし、左右から車や人が来ていないかを確認するという課題が多くの場合あり、右折事故では、主として対向直進車の確認と右折可能かどうかの判断という課題がある。ともに衝突相手となる車の発見と通過判断が課題である。高齢者にとって、交通環境の変化に応じて車の動きを変えるのは、視覚と注意と判断を要するため難しい。そのため出合頭事故や右折事故を起こしやすい。

一時停止規制のかかった交差点で出合頭事故を起こした運転者の年齢ごとに、一時不停止違反と安全不確認違反の割合を調べると、50代からは加齢に従って一時不停止の割合が増加し、逆に安全不確認の割合が減少していった（図2−10）[38, 39]。高齢になると一時停止しなくなるのは、習慣もあるが、視覚や注意機能の低下により見落としが多くなるためだ。

また、出合頭事故を起こしたドライバーの年齢によって相手の車種が異なるかを調べると、中年以降は四輪車の割合が増加し、自転車や二輪・原付の割合が減少していった（図2−11）[40]。大きく見える四輪車でも加齢によって発見が遅れてしまうのだ。

ところで、夜間は照明や標識などによって前方に交差点があり、一時停止の必要性が明らかなためか、出合頭事故の割合はどの年齢層でも低下し、年齢層の差はほとんどみられなくなる（平均で18％）[41]。

右折事故で一番多いのは対向直進車との右直事故である。右折時は対向直進車の確認と右折可能かどうかの判断が必要な場面である。他の事故類型と同様に、右直事故でも発見の遅れが、高齢者も非高齢者も大部分を占める。内訳で多いのは、「対向直進車は来ない」という思い込みによる前方不注意や「右折先に気をとられた」ことによる発見の遅れだ[42]。

高齢になると右折時の判断の誤りが増えてくる。判断の誤りで多いのは、「先に右折できる」や「前車が右折し自車も行けると思った」だ。高齢者は

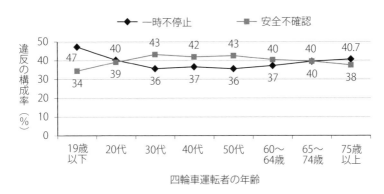

図２−１０　出合頭事故時の年齢層別の一時不停止違反と安全不確認違反[38]

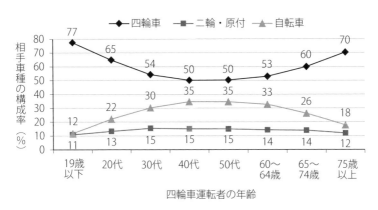

図２−１１　一時停止交差点での出合頭事故運転者の年齢層別相手車種[40]

相手の車を認知しても、速度を考えず、距離判断だけで右折可能と判断しがちで[43]、相手の速度が高かったり、遠くにいるように見えやすい二輪車が来たりするときには、右折しきれないで衝突してしまう。また、視力が低下した高齢者にとって夜間での速度や距離の判断は難しく、高齢ドライバーの右折事故はとくに夜間で多くなる[44]。

　人対車両事故は歩行者事故のことだ。これも高齢になると増えてくる。自転車との事故もそうだが、とくに夜間に発生する事故が高齢ドライバーに多い[39]。夜間の歩行者事故の割合は40代では18%だが、高齢者では24%を占

める[41]。視力や暗順応（暗い環境下での視力回復）やコントラスト感度（明暗の差が少ないときの形状識別能力）は、40代から低下し、高齢になると低下が著しくなるからだ[44]。また、歩行者は夜道を反射材やライトなしで歩くことが多いし、車と比べて小さく発見しにくいからだ。

単独事故は若者と高齢者に多い。ただし、高齢者の単独事故は、幅員が狭い単路や駐車場で多く発生し、運転操作の間違いの中でもブレーキとアクセルの踏み間違いが多い。また、単路のカーブでは速度が低いのに事故になってしまいがちだ[39]。速度の出しすぎで車両コントロールを失って、防護柵などに衝突してしまうというより、それほど速度は出ていないが、ブレーキやアクセルの微妙な調整ができなくて衝突してしまうのだ。狭い道路やカーブで、その状況下にしては高い速度で走行し、操作が間に合わなくなったというケースも多い。これらは加齢による情報処理能力の低下と運動神経能力の低下が原因だ。

2. 道路交通環境からみた運転回避不能で老いが影響した事故

交通が錯綜する交差点は、高齢者にとってはとくに運転が難しく危険な場所だ。高齢者に出合頭事故や右折時事故あるいは歩行者事故が多いことを述べたが、こういった事故は主として交差点で発生している。そこで、事故が発生した道路形状の調査項目から、交差点での事故は高齢者のほうが多いか調べたところ、高齢者では交差点での事故が多く事故全体の半数を占めていた（表2-2）。また、道路以外の場所である駐車場などでの事故も高齢者に多い。駐車場では、歩行者事故やバック時の事故が道路上での事故に比べて多く発生する[45]。駐車車両の陰に人が隠れて見にくく、またバックという難しい操作を要することから、駐車場は高齢ドライバーには負荷が高い場所だ。

車両相互事故の場合、相手の車が止まっていたり、停止直前であったり、発進直後であったりと、速度を出していない車との事故が半数以上を占める。しかし、表2-2をみると、高齢者の場合は相手の車が速度を出しているときのほうがかえって多い。これは事故類型でいうと、高齢者は追突より

出合頭事故を起こしやすいことに対応する。高齢者は比較的速度の高い車を発見して事故を回避するのが苦手なようだ。

3. 運転者の状況や行動からみた運転回避不能で老いが影響した事故

　事故直前の車の動きを行動類型と呼ぶ。これを40代と高齢者で比較してみると、直進時は40代のほうが多く、高齢者は直進から左折、右折、後退に変化したときに比較的事故が多い。運転していて右左折や後退は避けることができないため、老いによる運転技能の低下で事故を招きやすいのだ。

　事故時にどういった違反行動があったかを調べた項目が法令違反だ。表をみると、40代は漫然運転、わき見運転、動静不注視（相手を一度は発見したがその後に目を離して事故に至った）などのふつうに運転しているときの不注意に起因する違反が多い。一方、高齢者は信号無視、一時不停止、運転操作不適、安全不確認といった、交通環境の変化に応じて今までの直進運転を変える場面での違反が多い。これは高齢者の注意能力の低下を反映している。優先妨害等の違反は、他の車や自転車や歩行者の通行を妨害するもので、非協調的あるいは自己中心的な態度を反映した違反にみえるが、これも注意能力の欠如による状況認識の誤りに起因すると考えられる。

　表2-1でも取り上げた運転者要因は、事故の人的要因のうち運転者に適用される事故要因だ。教習所で運転は「認知―判断―操作」の連続だという話を聞いた人が多いと思うが、警察の事故統計ではこの枠組みで事故原因を調べているからだ。つまり、事故前に相手を発見したか、発見後の対処判断が正しかったか、判断後の操作が適切であったかを調べている。表の漫然運転（正式には内在的前方不注意と呼ばれる）、わき見運転（外在的前方不注意）、安全不確認は「発見の遅れ」と呼ばれる事故要因だ。運転者要因の80％はこの発見の遅れに起因する。

　漫然運転とわき見運転は、法令違反と同様に40代のほうが高齢者より多い。一方、高齢者のほうが多い事故要因は安全不確認だ。これは一時停止交差点などで一時停止した後、交差道路から来る車や歩行者などを確認する必要がある状況下で、それを確認しなかったという誤りだ。後退時に後ろの安

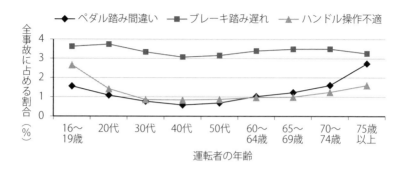

図2－12　3種類の操作不適事故の年齢層別割合[46]

全を確認せずに不用意にバックするのも安全不確認だ。こういった交通環境が変化して安全を確認する状況で安全確認ができないのは、老いの影響による注意能力の低下が原因である。

　発見した後の判断の誤りは40代のほうが多かった。しかし、判断の誤りの中に、高齢になると衰えやすい速度や距離の感覚の誤りがあり、この誤りを要因とする事故の割合は1％と少ないが、高齢者のほうが40代より1.3倍高かった[46]。

　操作不適はブレーキ踏み遅れ、ペダル踏み間違い、ハンドル操作不適の順に多い。高齢者はこの操作不適を要因とする事故が40代より多く、とくに増加するのがペダル踏み間違い事故だ（図2－12）[46]。ペダル踏み間違い事故は、駐車場での車両単独事故というかたちで発生することが多く、死亡事故になりやすい[47]。コンビニに突っ込むなど信じられないような事故を高齢者が起こすということで、テレビなどでよく話題となる。

　事故時のケガの程度を人身損傷程度という。ほとんどの事故では第1当事者（1当）が無傷で相手の第2当事者（2当）がケガをしたり、死亡したりする。表2－2に示したのは1当運転者の人身損傷程度であるから全体的に死亡や重傷や軽傷の人の割合は低いものの、1節で述べたように40代に比べて高齢者に多い。高齢者は体が弱いためにケガをしたり、死んだりしやすいのだ。事故時の発作や急病による事故も少ないながら、高齢になると多くなる。

② 高齢者が危険な状況・環境下での運転を回避したことによる それ以外の状況・環境での事故

1. 危険な状況・環境下での運転回避

　夜間、雨、幹線道路といったドライバーにとって事故の危険性が高い状況は、高齢ドライバーにとって苦手なはずであるが実際の事故は少ない[48, 49]。なぜかといえば、こうした状況や場所で高齢ドライバーはあまり運転しないからである。

　運転しない理由は、1つには用がなくてそうした状況下での運転が少ないからだ。たとえば、幹線道路や高速道路での事故が少ないのは、高齢になると近所で用事を済ますことが多く、あまり遠出しないからである。逆に、高齢ドライバーでは家の付近での事故が多くなるが、それは近間を運転することが多いからであり、必ずしもご近所が危険だということではない。

　もう1つの運転しない理由は、1章でみてきた運転行動の上位階層での運転計画によって、危険な状況・環境下での運転を回避するからだ[39, 48]。この戦略は本書が勧める安全ゆとり運転と大きく関わる。詳しい説明は3章以下で述べるが、雨や雪が降っていても夜間でも、必要なときは高齢者も運転する。しかし、不要不急なときには高齢者は運転をひかえる。それは雨や夜間に車を運転することが危険で、不安であるからだ。もちろんすべての高齢者がこういう気持ちになるわけではないが、若い人に比べればそういう人が多い。

2. 危険な状況・環境下での運転を回避したことによる それ以外の状況・環境での事故

　表2−3は前の表と同じく、2019年に全国で発生した四輪運転者事故の統計で、40代と高齢者の事故を比較して、高齢者に多くみられる事故時の状況や環境を示したものだ。ただし、この表では高齢ドライバーが危険な状況・環境下での運転をある程度は意図的に回避して事故が少ない一方、その他の状況・環境下での事故が多くなる項目をあげた（パターン2の事故）。

表2−3　運転回避が可能な危険な状況・環境下とそれ以外の状況・環境下の事故[49]

統計調査項目	年齢差がある カテゴリー	カテゴリーの割合（％）		割合の差
		40代	65歳以上	
(1) 道路・交通環境				
天候	晴	66.4	67.8	1.4
	雨・霧・雪	12.2	10.6	-1.7
路面状態	乾燥	84.6	86.3	1.7
	湿潤	14.2	12.4	-1.8
昼夜	昼	72.3	81.1	8.9
	夜	27.7	18.9	-8.9
(2) 運転者の状況・行動				
危険認知速度	～10km/h	43.1	44.5	1.3
	10～20km/h	23.2	25.3	2.1
	20km/h超	33.7	30.3	-3.4
飲酒状況	あり	1.0	0.5	-0.5
	なし	99.0	99.4	0.5
携帯電話の影響	あり	0.5	0.1	-0.3
	なし	99.5	99.9	0.3
カーナビ等の影響	あり	0.6	0.2	-0.4
	なし	99.4	99.8	0.4

　まず事故時の天候をみてみよう。一般に雨天時は事故が起きやすく[50]、とくに高齢者にとっては運転しにくい環境であるが、雨・霧・雪での事故は少しだけ高齢者のほうが40代より少ない。これは前述したように高齢者がこういった悪天候下での運転をしない傾向にあるからで、その代わりに運転することが多い晴れに事故が多くなる。路面状態も同様な結果を示している。

　事故が昼に発生したか夜に発生したかをみると、高齢者では40代より夜の事故が少なく、昼の事故が多い。夜間は暗くて見にくいため高齢ドライバーにとっては危険な環境だ。四輪運転者の事故では夜のほうが昼より3倍近く死亡事故になりやすい[51]。それでも高齢ドライバーに夜の事故が少ないのは、夜の運転をひかえ、昼に運転するからだ。

　危険認知速度は、運転者が危険を認知したときの速度あるいは危険を認知しなかった場合には事故直前の速度をいう。事故の半数以上は意外にも時速20km以下で起こっているが、この傾向は高齢者にとくにみられる。これは高齢者がふだん速度をひかえて運転しているからだ。もっとも、通常の運転

から速度を落とす必要のある場面に切り替わったときに事故が起きやすいと考えることもできなくはない。前の表2-2で、高齢者は交差点、右左折や後退時に事故が起きやすいと示したが、こういった状況では速度が低くなるからだ。

　飲酒状況は、飲酒していて事故時に体内にアルコールが残っている状況であったかどうかだ。酒酔いの状態はもちろん、道路交通法で定められた基準値以下の場合も含まれる。ところで、運転とは関係なく一般的に飲酒者の割合や飲酒量は加齢に従って減少する（図2-13）[52]。運転の場合もそれを反映して「飲酒あり」の事故は、高齢者のほうが40代より少ない。また、高齢者のほうが安全を意識してふだん以上に運転前の飲酒をひかえるのかもしれない。

　運転中の携帯電話やカーナビ等の使用は危険だ。人には注意資源といって注意処理能力に限界があるので、携帯電話等に注意を払っていると、肝心の交通状況への注意がおろそかになってしまうからだ。運転と携帯電話の同時使用といった行動は二重課題と呼ばれ、高齢者が苦手とする行動だ[53]。もし40代と同じように携帯電話等を使用していたら、携帯電話等使用中の事故の割合は高齢者のほうが多くなるはずであるが、実際は高齢者の使用頻度が少ないために、事故の割合は少ない。

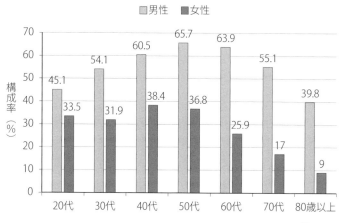

図2-13　飲酒している人の男女別・年齢層別の割合[52]

③ 高齢者が日常的に運転することが多い状況・環境での事故

　事故が発生しやすいのは、運転する状況や環境の危険性が高いときか、それほど危険でなくても運転することが多い状況や環境である。この節の最初に取り上げた事故は、運転する状況や環境の危険性が高い場合の事故であったし（パターン1)、2番目に取り上げた事故は、危険な状況や環境を回避した結果として、それ以外の状況や環境での運転が多くて事故が多くなった例であった（パターン2)。

　3番目の事故タイプとしてここで取り上げるのは、2番目と同様に運転することが多い状況や環境での事故であるが、危険な状況や環境を回避した結果として運転の機会が多くなったものではない。高齢ドライバーが日常生活の中で運転する機会の多い状況や環境での事故である（パターン3)。その結果を表2-4に示す。

1. 日常的に運転することが多い道路交通環境での事故

　まず高齢者が日常的に運転することが多い道路交通環境での事故をみてみよう。その1つは事故が発生した曜日である。40代と比べるとわずかではあるが高齢者は平日に事故が多い。これは人出が増える土日より平日に活動する人が高齢者に多いためだろう。NHK国民生活時間調査によれば、仕事を持ったり、主婦として忙しかったりする40代は、土曜・日曜は「趣味や遊びなどに少しでも多く時間をさきたい気分」で[55]、車での外出が増えるのに、高齢者ではそれが少ないのだ。

　交通事故の8割が市街地で発生しているのは、市街地は非市街地と比べて人や車の往来が多いからである。高齢者の事故も市街地で発生することが多いが、40代より非市街地での事故が多い。一般的に人口規模が小さい市区町村ほど高齢化が進んでいて[56]、そこでは非市街地の割合が多いことから、高齢者では非市街地の事故が多くなる。

　道路種別をみると、高速道路や国道といった交通量が多くて、走行速度が

表2-4　日常的に運転することが多い状況・環境での事故[54]

統計調査項目	年齢差があるカテゴリー	カテゴリーの割合（%）		割合の差
		40代	65歳以上	
(1) 道路・交通環境				
曜日	平日	76.2	77.0	0.8
	土曜	13.5	12.8	-0.7
	日曜	10.3	10.1	-0.2
市街地・非市街地	市街地	80.3	77.4	-2.9
	非市街地	19.7	22.6	2.9
道路種別	高速道等	2.3	0.8	-1.5
	一般国道	22.5	19.4	-3.1
	主要地方道	16.8	15.3	-1.5
	一般市区町村道	42.7	46.1	3.4
歩車道区分	あり	83.3	81.2	-2.1
	なし	16.7	18.8	2.1
(2) 運転者の状況・行動				
通行目的	業務	21.9	16.7	-5.2
	通勤	20.2	7.1	-13.1
	私用	57.8	76.1	18.3
車種	乗用車	52.9	52.1	-0.8
	軽乗用車	24.9	29.0	4.1
	貨物車（普通以上）	14.5	5.6	-8.9
	軽貨物車	7.1	12.9	5.8
性別	男性	65.0	71.5	6.5
	女性	35.0	28.5	-6.5

高い道路より、市区町村道と呼ばれる幅員が狭い道路で、高齢者の事故は多く発生している。これも高齢者のほうが40代より市区町村道で運転することが多いためだ。歩車道区分も、国道や主要地方道といった大きな道路には歩道が設置されているが、市区町村道にはそれほど歩道が設置されていない。そのため、市区町村道を利用することの多い高齢者のほうが、歩車道区分がされていない道路での事故が多くなる。

2. 日常的に多い状況や行動での事故

　通行目的をみると、高齢者では業務中や通勤時の事故が少なく、私用中の事故が多い。これは高齢者のふだんの通行目的と一致している[57]。私用の内

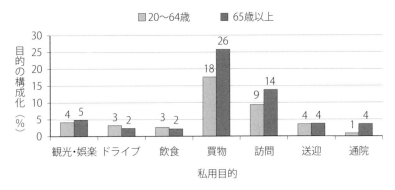

図2−14 事故で死傷した運転者と同乗者の私用目的通行の割合[58]

訳は、交通事故統計表データを用いて、事故で死傷した運転者と同乗者の主
要な私用目的を調べた（図2−14）[58]。図より、高齢者に多い私用の通行目的
は買物と訪問であった。

　事故時の運転車種を比較してみると、高齢者のほうが40代より軽乗用車
と軽貨物車が多い。高齢者は軽自動車を運転することが多いからだ[57, 59]。最
後に、運転者の性別を比較すると、高齢者のほうが男性運転者の割合が高
かった。高齢者ではまだ女性の免許保有者が少なく（2019年末で女性の割合は
39％）[60]、走行距離も少ないためと考えられる。

文献

1 ）警察庁・交通事故総合分析センター（1986-2020）．交通統計 昭和60年版〜令和元年版．

2 ）松浦常夫（2020）．交通事故集計ツール（交通事故総合分析センター）による集計（2019年事故，対象は第1当事者の四輪運転者，以下のツールによる分析も同様，表頭：1当の年齢，表側：事故類型）．

3 ）警察庁交通局（2020）．交通死亡事故の発生状況及び道路交通法違反取締り状況等について 令和元年（2019）．https://www.npa.go.jp/publications/statistics/koutsuu/toukeihyo.html

4 ）警察庁交通局（2020）．交通事故発生状況について 令和元年（2019）．https://www.npa.go.jp/publications/statistics/koutsuu/toukeihyo.html

5 ）岡村和子（2008）．わが国の自動車運転免許保有者サンプルの自己報告に基づく走行距離データ．科学警察研究所報告，59(1・2)，5-12.

6 ）松浦常夫（2021）．交通事故集計ツール（交通事故総合分析センター）による集計（表頭：1当の年齢，表側：1当と2当の人身損傷程度）．

7 ）北折充隆（2017）．ルールを守る心——逸脱と迷惑の社会心理学．サイエンス社.

8 ）Hakamies-Blomqvist, L., Raitanen, T., & O'Neill, D. (2002). Driver ageing does not cause higher accident rates per km. *Transportation Research Part F Traffic Psychology and Behaviour*, 5(4), 271-274.

9 ）交通事故総合分析センター（2020）．交通事故統計表データ 01-31NM101.

10）自動車安全運転センター（2000）．運転者の身体能力の変化と事故、違反の関連、及び運転者教育の効果の持続性に関する調査研究報告書.

11）三井達郎・木平真・西田泰（1999）．安全運転の観点から見た視機能の検討．科学警察研究所報告交通編，40(1)，28-39.

12）川守田拓志・魚里博（2005）．両眼視と単眼視下における瞳孔径が昼間視と薄暮視下の視機能に与える影響．視覚の科学，26(3)，71-75.　※図2-6は本論文の図4と図8を川守田が改変したもの

13）Owsley, C., & McGwin, G., Jr. (2010). Vision and driving. *Vision Research*, 50(23), 2348-2361.

14）Molnar, L.J., Eby, D.W., Zhang, L., Zanier, N., St. Louis, R.M., & Kostyniuk, L.P. (2015). *Self-regulation of driving by older adults: A longROAD study*. Washington, D.C.: AAA Foundation for Traffic Safety.

15）日本眼科学会（2021）．目の病気　病名から調べる．http://www.nichigan.or.jp/public/disease/

16）Agramunt, S., Meuleners, L.B., Fraser, M.L., Morlet, N., Chow, K.C., & Ng, J.Q. (2016). Bilateral cataract, crash risk, driving performance, and self-regulation practices among older drivers. *Journal of Cataract & Refractive Surgery*, 42(5), 788-794.

17) 佐々木洋（2002）．白内障分類別治療指針、疫学からみた白内障分類．科学的根拠（evidence）に基づく白内障診療ガイドラインの策定に関する研究．厚生科学研究費補助金（21世紀型医療開拓推進研究事業：EBM分野）分担研究報告書．https://minds.jcqhc.or.jp/n/med/4/med0012/G0000028/0011/0014

18) 国松志保（2018）．視覚障害と自動車運転．https://www.gankaikai.or.jp/press/20181004_1.pdf

19) 近藤玲子・國松志保・保沢こずえ・熊谷知子・伊藤華江・金井美佳…川島秀俊（2014）．後期緑内障患者運転免許取得者の視野範囲の検討．あたらしい眼科，31(6)，895-898．

20) 日本緑内障学会（2012）．緑内障疫学調査．日本緑内障学会多治見緑内障疫学調査（通称：多治見スタディ）報告．https://www.ryokunaisho.jp/general/ekigaku/tajimi.php

21) 高齢運転者交通事故防止対策に関する有識者会議（2017）．高齢運転者交通事故防止対策に関する提言．https://www.npa.go.jp/koutsuu/kikaku/koureiunten/kaigi/teigen/honbun.pdf

22) Karthaus, M., & Falkenstein, M. (2016). Functional changes and driving performance in older drivers: Assessment and interventions. *Geriatrics*, 1(2), 12.

23) 大塚博保・鶴谷和子・貝沼良行・磯部治平・松浦常夫・山口卓耶・内田千枝子（1990）．警察庁方式CRT運転適性検査の開発．科学警察研究所報告交通編，31(1)，57-65．

24) Wood, M.J., & Owsley, C. (2014). Gerontology viewpoint: Useful field of view test. *Gerontology*, 60(4), 315-318.

25) 厚生労働省（2021）．知ることからはじめよう みんなのメンタルヘルス 認知症．https://www.mhlw.go.jp/kokoro/know/disease_recog.html

26) 鈴木隆雄（監修），島田裕之（編）（2015）．基礎からわかる軽度認知障害（MCI）——効果的な認知症予防を目指して．医学書院．

27) Brown, L.B., & Ott, B.R. (2004). Driving and dementia: A review of the literature. *Journal of Geriatric Psychiatry and Neurology*, 17(4), 232-240.

28) 警察庁（2020）．認知機能検査について．イラスト（パターンＡ）．https://www.npa.go.jp/policies/application/license_renewal/ninti/patterna.pdf

29) 警視庁交通局（2019）．「高齢運転者交通事故防止対策に関する提言」の具体化に向けた調査研究に係る認知機能と安全運転の関係に関する調査研究報告書．https://www.npa.go.jp/koutsuu/kikaku/koureiunten/menkyoseido-bunkakai/cognitivef/cognitivef_report.pdf

30) 警察庁交通局（2020）．高齢運転者交通事故防止対策に関する調査研究報告書．https://www.npa.go.jp/koutsuu/kikaku/koureiunten/menkyoseido-bunkakai/prevention/final_report.pdf

31) 小菅英恵（2018）．高齢運転者の認知機能と交通事故分析．交通事故総合分析セ

ンター　第21回研究発表会. https://www.itarda.or.jp/presentation/21/show_lecture_file.pdf?lecture_id=114&type=file_jp

32) Fraade-Blanar L.A., Hansen, R.N., Chan, K.C.G., Sears, J.M., Thompson, H.J., Crane, P.K., & Ebel, B.E. (2018). Diagnosed dementia and the risk of motor vehicle crash among older drivers. *Accident Analysis & Prevention*, 113, 47-53.

33) 警察庁交通局（2021）．改正道路交通法（高齢運転者対策・第二種免許等の受験資格の見直し）の施行に向けた調査研究. https://www.npa.go.jp/koutsuu/menkyo/kaisei_doukouhou_r02/final_report.pdf

34) 日本医療機能評価機構（2020）．ガイドライン Trail making test（TMT）. https://minds.jcqhc.or.jp/n/med/4/med0038/G0000109/0054

35) 松浦常夫（2021）．交通事故集計ツール（交通事故総合分析センター）による集計（表頭：1当の年齢，表側：事故類型，道路形状，相手車両の速度，行動類型，法令違反，運転者要因，人身損傷程度）.

36) 交通事故総合分析センター（2020）．交通事故統計表データ 01-30BM101.

37) 日本自動車工業会・交通事故総合分析センター（2014）．疾患・服薬と事故の関係の調査分析.

38) 松浦常夫（2021）．交通事故集計ツール（交通事故総合分析センター）による集計（対象：一時停止規制のある場所での出合頭事故，表頭：1当の年齢，表側：1当の法令違反）.

39) 松浦常夫（2017）．高齢ドライバーの安全心理学. 東京大学出版会.

40) 松浦常夫（2021）．交通事故集計ツール（交通事故総合分析センター）による集計（対象：一時停止規制のある場所での出合頭事故，表頭：1当の年齢，表側：2当の当事者種別）.

41) 松浦常夫（2021）．交通事故集計ツール（交通事故総合分析センター）による集計（表頭：1当の年齢，表側：事故類型×昼夜）.

42) 交通事故総合分析センター・谷口正典（2020）．四輪車同士の右折対直進の事故——「発見の遅れ」の防止が事故回避に効果的. イタルダインフォメーション No.136.

43) Scialfa, C.T., Guzy, L.T., Leibowitz, H.W., Garvey, P.M., & Tyrrell, R.A. (1991). Age differences in estimating vehicle velocity. *Psychology and Aging*, 6(1), 60-66.

44) 三井達郎・木平真・西田泰（1999）．安全運転の観点から見た視機能の検討. 科学警察研究所報告交通編, 40(1), 28-39.

45) 交通事故総合分析センター・青木弘（2016）．駐車場における歩行者対四輪車の事故——油断する場所だからこそ、より一層の安全確認を. イタルダインフォメーション No.115.

46) 交通事故総合分析センター（2020）．交通事故統計表データ 01-31NM101.

47) 交通事故総合分析センター（2010）．運転操作の誤りを防ぐ——駐車場、高齢者に多いペダル踏み間違い事故. イタルダインフォメーション No.86.

48) 松浦常夫 (1991). 運転環境の危険性と危険回避可能性からみた高齢運転者事故の特徴. 交通心理学研究, 7(1), 1-11.

49) 松浦常夫 (2021). 交通事故集計ツール (交通事故総合分析センター) による集計 (表頭：1当の年齢, 天候, 路面状態, 昼夜, 危険認知速度, 飲酒状況, 携帯電話の影響, カーナビ等の影響).

50) 松浦常夫 (2017). 統計データが語る交通事故防止のヒント. 東京法令出版.

51) 松浦常夫 (2021). 交通事故集計ツール (交通事故総合分析センター) による集計 (表頭：昼夜, 表側：事故内容).

52) 厚生労働省 (2017). 平成28年国民生活基礎調査. https://www.e-stat.go.jp/stat-search/files?page=1&toukei=00450061&kikan=00450&tstat=000001114975&cycle=7&result_page=1&cycle_facet=cycle

53) Woo, T.H., & Lin, J. (2001). Influence of mobile phone use while driving: The experience in Taiwan. *IATSS Research*, 25(2), 15-19.

54) 松浦常夫 (2021). 交通事故集計ツール (交通事故総合分析センター) による集計 (表頭：1当の年齢, 曜日, 市街地・非市街地, 道路種別, 歩者道区分, 通行目的, 車種, 性別).

55) 中野佐知子・諸藤絵美 (2008). 平日でも曜日で異なる生活時間と気分. 放送研究と調査, 58(12), 44-50.

56) 総務省自治行政局 (2017). 自治体戦略2040構想研究会 第1回事務局提出資料. https://www.soumu.go.jp/main_sosiki/kenkyu/jichitai2040/02gyosei04_04000071.html

57) 日本自動車工業会 (2020). 2019年度乗用車市場動向調査. 乗用車ユーザーの特性と使用状況調査. https://www.jama.or.jp/lib/invest_analysis/pdf/2019PassengerCars.pdf

58) 交通事故総合分析センター (2020). 交通事故統計表データ 01-41JG201, 01-42JZ201

59) 日本自動車工業会 (2020). 高齢者ユーザー特性. 2019年度軽自動車の使用実態調査報告書 (p. 49). https://www.jama.or.jp/lib/invest_analysis/pdf/2019LightCars.pdf

60) 交通事故総合分析センター (2020). 交通統計.

3章

安全ゆとり運転の勧め

① 高齢期の社会との関わり方

　スイスの精神科医で心理学者でもあったユングは、人生を1日の時間にたとえて、中年は午後3時過ぎ、高齢者は夕暮れといった[1]。高齢ともなれば、体がだんだんと不自由になるし、退職して収入が減るし、社会との関わりも少なくなって、人生の残り時間が少なくなっていくから、なるほど、高齢者には暗くなりかけた夕暮れの風情が似合う。しかし、まだ1日は終わってはいない。山奥の「ポツンと一軒家」に住んでいる人たちはともかく、現代社会に住んでいる多くの高齢者は、定年後の生活の変化に対応して生きていく必要がある。

　こうした問題に取り組んでいる学問分野に、社会学や心理学などの学際的分野である社会老年学がある。その知見によれば、健康、お金、家族、社会との関わりなどが満たされていることが、幸福な老いの条件である。しかし、そうした条件に合わない人は多いし、それでも自分は幸せだという人も多い。また、健康やお金や家族は、高齢者によって異なるし、変えることは難しい。

　そこで、すべての高齢者に関わる心の問題として、どのように生きるか、社会とどう関わるかが研究され、2つの相反する理論が提唱されている[2]。その1つは活動理論で、仕事を引退しても趣味・学習・ボランティアなどの活動を活発に行ったり、友人関係を維持継続したりする生活が老後の生き方としてふさわしいとする。2つ目は離脱理論で、高齢になって社会的な活動や私的な活動が減少していくのは自然な成り行きであり、それを受け入れて生活することが高齢期にふさわしいとする。

　あなたはどちらの社会的関わりを選択するだろうか。これは個々の高齢者の境遇や好みによって異なる。たとえば、人と関わるのが好きな人は仲間か

らの励ましや称賛が自分をポジティブにしてくれるので、活動理論に合っているし[3]、1人でいるほうが好きな人は他者と関わってわずらわしさや劣等感を感じるくらいなら関係から離脱したほうがよいと考えるだろう[4]。同じ個人でも高齢前期では活動理論に合った生き方をし、次第に離脱理論に合った生き方に変わっていくのかもしれない。結局、どちらの考え方が正しいかは一概にいえないようだ。

② 高齢期の生きがいのヒント

　仕事から引退したら、社会との関わりも含めて、何を目標にして、あるいは何を生きがいに老後を過ごしていったらよいのだろうか。配偶者との静かな生活や、子や孫の成長が生きがいだという人もいるし、趣味の世界に1人で没頭するのが落ち着くという人もいる。また。趣味やボランティアを通しての社交が楽しみだという人もいるだろう。

　いずれにせよ目標や生きがいは人それぞれである。しかし、ただ老後をボーッと過ごしていただけではこうした目標は実現しない。どういった心構えで目標や生きがいを見つけ出したり、達成したりすればよいかに対する心理学的な知見を2つ紹介しよう。

　1つは1次的制御と2次的制御という考え方だ[5]。私たちは自分のために何かを始めたり、何かを変えようとしたりするときに、まず身の周りの環境に働きかけてそれを実現しようとする。趣味のサークルに入ろうとすれば自分で調べたり、人に聞いたりして入会するし、孫に会いたくなれば孫を呼んだり、自分たちで出かけていく。健康を維持するためには、1時間の散歩を日課にしたりする。こうした環境への働きかけが1次的制御だ。

　しかしこの外部への働きかけは、金銭面、能力面、他の人の立場や考えなどいくつかの障害があって、自分の思いどおりにならないことが多い。それではどうするかといえば、現状に調和するように自分の側の目標や考え方を変えてみるのだ。これを2次的制御という。理想あるいは欲求の水準を下げたり、今できることをしたり、働きかけを中断して気晴らしをしたりする

のだ[6]。

　生きがいのヒントとなる理論として、次に日本の後期高齢者に当てはまりそうな老年的超越を紹介しよう。これは先に述べた離脱理論的な考え方で、高齢になると社会とのきずなの縮小や健康不安が生じるが、それに合った価値観や行動を身につけようというものだ。少子高齢化の日本社会では「一億総活躍社会」を目指し、高齢者であっても自立し、活力を持って活動することが求められているのは確かだ。しかし、70代や80代ともなれば、次のような老年的超越的な生き方をする人が増えてくるという[7、8]。

①過去や未来の時間的流れや世代とのつながりを強く感じる。日本人の場合は、先祖や子孫とのつながりを感じる。

②自分へのこだわりや欲求が少なくなり、自己中心性が弱まる。また、あるがままを受け入れたり、自然の流れにまかせたりする。

③社会的な役割や地位に対するこだわりがなくなる。他者への感謝の念が強まり、依存を否定しない。

③ SOC理論

　SOC理論は、補償を伴う選択的最適化（SOC）と呼ばれる理論で、上記のような老いへの対処法の理論の1つである。また、本書の安全ゆとり運転の理論的背景でもある。この理論は1980年代のドイツで心理学者バルテスによって唱えられたもので、彼は人の生涯にわたる発達を成長（獲得）と衰退（喪失）の混在したダイナミックスとして捉えた。

　高齢になると生理的な機能の低下や社会的役割が減少して、成長よりも衰退のほうが多くなる。こうした中で獲得を最大にし、喪失を最小にするにはどうしたらよいかという問題に対処するために、バルテスは次の3つの戦略を考えた[9、10]。

①活動の領域や範囲をしぼる（選択S：selection）。

②最大の力が発揮されるよう、使える資源を活用したり、手段を採用したりする（最適化O：optimization）。

③活動のレベルを維持するために、今までとは別のやり方を探したり、他
　の人や機関の助けを借りたりする（補償C：compensation）。

　具体例としてバルテスは、20世紀を代表するピアニストのルビンシュタ
インが80歳になっても名演奏ができた秘訣をあげている[11]。テレビのイン
タビューに対してルビンシュタインはこう答えたという。「私は以前より少
ない曲を弾き（選択）、こういった曲を弾くために練習を以前に増して行い
（最適化）、演奏スピードが落ちてきたので、早く弾くパートの前には意識的
にゆっくりと弾くことで、そのパートの演奏速度が速いようにみせるといっ
た印象操作をするのです（補償）」。

2節 | 安全ゆとり運転

① 安全ゆとり運転とは

　1節で紹介したSOC理論などの老いへの対処法は、車の運転にも当てはまる。本書で提唱する安全ゆとり運転の考え方もそこから来ている。安全ゆとり運転を解説する前に、まず簡単に定義してみよう。

　安全ゆとり運転とは、運転技能の低下を意識したドライバーが、以前よりゆとりを持った運転をすることによって、安全に運転するための戦略である。この運転戦略は「補償運転」と呼ばれるものを筆者が言い換えたものだ。補償とは危険性を補う危険補償のことだが、補償というと何か悪いことをしてそれを金銭などで償うというニュアンスがあるので、こう言い換えた。

　安全ゆとり運転は、英語では適応運転（Adaptive driving）あるいは自己調整運転（Self-regulatory driving）と呼ばれ、古くは1985年にOECD（経済協力開発機構）から出版された『老人道路利用者の交通安全』で、老化に対する個人の適応戦略として次の3点があげられていた[12]。

　①車の移動パターンの変化と著しい移動の減少

　②不快を示す状況を多かれ少なかれ慎重に回避

　③より注意深い運転に頼ること

　①は定年などによって家から職場への車移動がなくなったり、走行距離や運転頻度が少なくなったりすることである。②は夜間や雨天など運転していて負担に感じるような状況での運転を回避すること、言い換えると昼間や晴れ・曇りの日などに運転を制限することだ。③は安全を志向した注意深い運転をすることだ。

　その後、安全ゆとり運転について多くの研究が行われてきたが、②の側面を取り上げた研究が多かった。本書では、②と③の側面を取り上げる。具体

的には次のような運転だ。

　①運転の制限

　②運転前の準備

　③運転時の安全志向運転

2　安全ゆとり運転の理論的背景

1.　運転行動の階層モデルとSOC理論との関係

　安全ゆとり運転の理論的背景として、SOC理論による老いへの対処方法を紹介したが、この理論と安全ゆとり運転にはどんな関係があるのだろうか。また、1章で取り上げた運転行動の階層モデルの中に安全ゆとり運転はどう位置づけられるのだろうか[13]。表3-1はこうした運転行動の階層モデルとSOC理論との関係を示したものだ。

　表3-1を説明すると、まず安全ゆとり運転の中の夜間や雨の日は運転しないといった「運転の制限」は、運転行動の階層モデルによれば、運転の基本方針や計画を示す「戦略レベル」での行動である。SOC理論による対処行動としては活動領域をしぼる「選択」に相当する。

　体調を整えたり車の点検をしたりする「運転前の準備」は、運転行動の階層モデルによれば、「運転の制限」と同様、運転の基本方針や計画を示す「戦略レベル」での行動である。SOC理論による対処行動としては、最大の力が発揮されるように使える資源を活用したり、手段を採用したりする「最適化」に相当する。

　運転中の「安全志向運転」は、運転行動の階層モデルによれば、どういう

表3-1　安全ゆとり運転と運転階層モデルとSOC理論の関係

安全ゆとり運転 の分類	運転の階層モデル による階層	SOC理論 による対処法
運転の制限	戦略レベル	選択
運転前の準備	戦略レベル	最適化
安全志向運転	戦術レベル	補償

戦術で道路交通環境の中をうまく運転していくかという「戦術レベル」の行動である。SOC理論による対処行動としては、活動のレベルを維持するために、今までとは別のやり方を探したりする「補償」にあたる。

2. 安全余裕

　安全ゆとり運転とは、安全運転のために運転の時間や場所を選び、安全運転の準備をしたうえで、運転中はゆとりを持って運転することである。なぜ安全ゆとり運転をすると安全な運転となるかをまず理論的に考えてみよう。

　キーワードとなるのは安全余裕という考え方だ。私たちは何かをするとき、ふつうは全力で行わずに少し余裕を持って行う。運転も同様で、よほどの場面でない限り、持てる運転スキルすべてを使うのではなく、余裕を残して運転する。この余裕は安全運転につながるので安全余裕（safety margin）と呼ばれる[14]。たとえば、あるカーブを曲がろうとするとき、時速30kmで曲がれる運転技能があっても実際は20kmくらいで曲がるだろう。すると無理なく曲がれて精神的負担も少なくなる。このときの10kmが安全余裕だ。一般化していうと、ある運転状況下で発揮可能なスキルと、そこで要求される、あるいは必要とされるスキルの差が安全余裕である。

　安全余裕を持って運転すれば安全運転となるが、問題は高齢になると運転スキルが低下し、安全余裕の少ない運転になってしまうことである。たとえば、若い人なら時速30kmで曲がれるカーブでも、高齢者は25kmでないと曲がれない事態になるのだ。こういったカーブで若い人も高齢者もともに20kmで曲がるとしたら、若い人の安全余裕は10kmだが高齢者は5kmしかなくなってしまう（図3-1）。

　高齢者が安全運転をするにはどうしたらよいのだろうか。それには安全余裕を増やすしかない。つまり、先のカーブでふだんは20kmで曲がっていたところを15kmで曲がって運転することだ。そうすると運転時に要求されるスキルや負担は減り、安全余裕が増える（図3-2）。

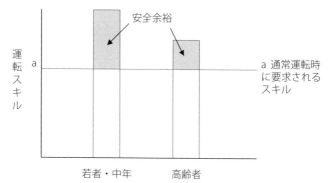

図3－1　通常運転時の若者・中年と高齢者の安全余裕

＊　ある運転状況下で発揮可能なスキルとそこで要求されるスキルの差を安全余裕という。
　通常運転では若者・中年に比べ高齢者の安全余裕が少ない。

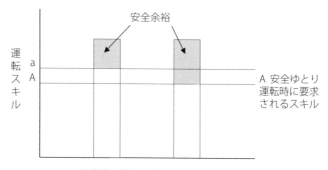

図3－2　通常時と安全ゆとり運転時の高齢者の安全余裕

＊　安全ゆとり運転をすることで安全余裕を「a－A」だけ増やす。

③ 安全ゆとり運転項目の収集

1．高齢ドライバーとの面接調査

　心理学の面から交通安全問題を研究して、その解決を目指す学者や実務家の集まりに日本交通心理学会がある。十数年前のことだが、その学会で高齢ドライバーの研究プロジェクトが3年間実施された。筆者はそのとき、調査班の責任者として、学会員が所属する指定自動車教習所10校の高齢講習受

講者約300人を対象とした面接調査を行った[15, 16]。この面接では、教習所指導員が講習受講者に運転中のヒヤリ・ハット経験や運転中の失敗例、体調や老いの自覚、運転中の不安やストレスなどの他に、安全運転をするために心がけたり工夫したりしている点を質問して、それを記録した。このうち、老いの自覚と運転中の不安ストレスについて、まず説明しよう。

老いの自覚については、「最近、どういうときにとくに年をとったと感じますか。若いときと比べてどのあたりがとくに変化してきたと思いますか」という質問を約300人にした。その結果、疲れやすくなった（51人）、視力が低下した（31人）、記憶力が低下した（27人）、足が弱くなった（24人）、動作が鈍くなった（20人）、体力が低下した（16人）、体のどこかが痛い（15人）など様々な老いに伴う心身機能の低下が報告された。皆、老いをどこかで感じているようで、それがないと答えたのは10人だけであった。ここで注目されたのは、心身機能の中でも認知や判断機能の低下を自覚して述べた高齢者は、記憶力低下を除くと8人と少なかった点だ。体は衰えても頭はしっかりとしているとみなしているようであった。

次に「運転していて気にかかったり、不安を感じたり、ストレスを感じたりしている点、あるいは何か困っている点を教えてください」という運転中の不安や支障について質問した。一番多かったのは、後続車が車間を詰めてくる、割り込んでくる、合図を出さない、周りの車のスピードが高いといった他の車などに起因する不安やストレスで、延べ101人の回答があった。次いで、夜間、雨天、交通量の多さ、知らない道といった道路交通環境に起因する不安やストレスが多かった（63人）。視力低下、疲労、病気、体調不良、認知や判断の誤りといった自分の心身機能低下に起因する不安やストレスをあげた人は58人と、全体の5分の1にすぎなかった。最初の質問でほとんどの高齢者が老いを自覚していたのに対し、それが運転に支障すると答えた人は5分の1と少なかったのである。もっとも、他の車や道路交通環境に起因する不安やストレスの背景に、心身機能の低下があるものも散見されてはいた。

2．安全ゆとり運転の収集と分類

　体調や老いの自覚や運転中の不安についての質問に続いて、「（そういった各問題点に対して）安全運転をするためにどう対処していますか？　気を配ったり、心がけたり、工夫していること、あるいは安全運転のコツについてお聞かせください」という質問をした。筆者は、送られてきた回答結果を分類して、高齢ドライバーにみられる老いの影響を補う安全を志向した運転行動（当時は補償運転と呼んでいた）を分類した。

　さて、どういった運転行動が多く回答されただろうか。その運転行動を分類した結果が表3−2だ。この表に示すように安全ゆとり運転は、運転前の対処である運転の制限と運転前の準備および運転中の安全を志向した運転行動の3つに大きく分けることができた。

　運転の制限としては、夜間や渋滞時の運転制限、長距離運転の制限、交通量が多かったり不慣れであったりする道の運転制限、雨や雪の日の運転制限を述べた回答が3割の高齢ドライバーから得られた。運転前の準備をあげた人はそれほど多くはなかったが、早目に出発する、体調を整える、車の点検をするといった準備をして安全運転に努めるという人が1割いた。

　回答が最も多かったのは運転中の安全を志向した運転行動で、ほとんどの高齢者がこうした運転行動をあげていた。中でも多かったのはスピードを出さないという運転で、半数近くの人がこれをあげていた。他車や歩行者などの動向や信号をしっかり見たり、確認したりするという行動を心がけている人や、運転中には気持ちを安定させて運転に集中するといった人も多かった。また、防衛的な運転である、車や歩行者などに近づかないという運転をあげる人も多く、一般的な交通ルールである車間距離をとるや一時停止をしっかりするより多かった。

④　安全ゆとり運転の調査票作成

　面接調査で得られた補償運転（安全ゆとり運転）の分類結果をもとに、次に

表3－2　安全ゆとり運転の分類

分　　類	人数(延べ)	分　　類	人数(延べ)
Ⅰ　運転前の対処		**Ⅱ　運転行動**	
1　運転の制限		3　スピードを出さない	131
時間帯		・追い越しをしない	4
・夜間は運転しない	54	・流れにのった速度、出しすぎない	49
・渋滞時に運転しない	3	・制限速度を守る	11
運転距離		・ゆっくり走る	10
・長距離運転をしない	15	・早めのブレーキ	11
天候		・その他、スピードを出さない	46
・雨や雪の日は運転しない	7		
道路		4　車間距離を十分にとる	18
・慣れた道を運転	4		
・交通量が多かったり、		5　一時停止をしっかりする	16
渋滞した道は運転しない	7		
・大きな駐車場のある	3	6　車や歩行者に近づかない	39
店に行く		・後続車を先に行かせる	7
・その他	2	・対向車を先に行かせる	4
		・端を避け中央線寄りを走行	3
その他		・他の車や人に近づかない、譲る等	25
・なるべく運転しない	6		
・自分の車以外は運転しない	1	7　しっかり見る・確認する	61
		・交差点での安全確認	12
小計　102		・信号や標識をよく見て守る	7
		・ミラーで確認	5
		・他の人や車を注視	11
2　運転前の準備		・わき見をしない、危険予測、確認等	26
・早めに出発、余裕ある運転計画	9		
・体調を整える	11	8　気持ちの安定	44
・経路を調べる	3	・運転に集中する	10
・車の点検、運転の準備	6	・イライラしたり、あせったりしない	8
		・余裕を持って運転、無理しない	7
小計　29		・その他	19
		小計　309	
		9　その他の安全を目的とした運転	47
		・運転の途中で休憩をとる	9
		・その他	38
		10　危険補償なし	19
		合計（延べ）　506	

*　面接対象者は296人（数字は延べ人数）。

行ったのは補償運転尺度の作成、つまり安全ゆとり運転の調査票作成だ。この尺度は、長さを測るときのメジャーや体重を測るときの体重計に相当するもので、どのくらい補償運転を実行しているかを測るものだ。表3−2から補償運転として回答が多かった31項目を選んで補償運転尺度を作成した。

　この補償運転尺度は仮のもので、完成版を作成するには尺度をブラッシュアップする必要があった。そのために69歳以上の高齢者講習参加者292人と非高齢者の企業運転者講習参加者309人を対象として、全国7か所の自動車教習所で質問紙調査を行った。補償運転尺度は、5段階の評定尺度（そういった運転を、「1 ほとんどしない」〜「5 いつもする」）であった。この調査では31項目の補償運転の実行度を質問するだけでなく、完成版のための項目を選択するのに必要と思われた年齢、運転頻度、事故・違反歴などの項目も調べた。

　最後に、31個の運転項目をいくつかの観点から評価して15項目にしぼった尺度を作成した。評価の基準は、無回答が少ない、運転者間の評価にある程度のちらばりがみられる、高齢者群のほうが非高齢者の企業運転者群より補償運転の頻度が高い、因子分析というデータの集約法により得られた因子（分類項目）を代表しているといった点であった。その結果、運転制限、運転準備、注意集中、速度抑制、避難運転の5分類からなる補償運転の尺度が作成され、それを「高齢ドライバーのための安全運転ワークブック」に採用した[16]。

　この15項目から1項目を引いて（「ラジオ」と「考え事」を「ながら運転」にまとめて）、その後に筆者が選んだ6個の項目を加え、本書の4章から5章では合計20個の安全ゆとり運転の項目を取り上げた。表3−3に項目の一覧を示そう。

⑤ 高齢ドライバーの安全ゆとり運転の実行度

　高齢者は実際どのくらい安全ゆとり運転をしているのだろうか。以前、「高齢ドライバーのための安全運転ワークブック」作成の一環として、全国34校の自動車教習所で3132人の高齢者を対象にそれを調査したことがある。

表3−3　安全ゆとり運転の項目

運転前の対処

	運転制限	夜間の運転をひかえる
		雨の日の運転をひかえる
		長距離の運転をひかえる
		安全に走行できるルートを選ぶ
	運転準備	安全運転をサポートする車を運転する※
		時間に余裕を持って出発する
		体調を整えてから運転する
		車の点検や車内の整頓をする
		安全運転をサポートしてくれる同乗者を乗せる※

安全志向運転

	速度抑制	制限速度を守って運転する
		以前よりスピードを出さないで運転する※
		自分が優先であっても見通しの悪い交差点では徐行する※
		しっかり止まって安全を確認する※
	注意集中	イライラしたり、あせったりしないで運転する
		ながら運転をしない
		わき見をしないで運転する
	防衛運転	危ない車や自転車には近づかない
		車間距離を十分にとる※
		後ろから車が来たら脇によけて先に行かせる
		狭い道で対向車が来たら停止して待つ

＊　無印の項目は「高齢ドライバーのための安全運転ワークブック」の15項目（集約されて14項目）を示し、※印の項目は本書で追加された6項目を示す。

その結果によると、15項目のどの安全ゆとり運転も半数以上の人がしていた（図3−3）[16]。とくに多くの人がしている安全ゆとり運転は、「危ない車や自転車には近づかない」や「制限速度を守って運転する」といった運転中の安全志向運転で、3分の2以上の人がしていた。一方、「雨の日の運転をひかえる」といった運転制限や「体調を整えてから運転する」といった運転準備は、半数から3分の2の人がしている程度であった。

　欧米の高齢ドライバーの運転制限に関わる安全ゆとり運転の実行度の調査結果をみると、日本より実行度が低かった。たとえば、夜間の運転を制限をしている人の割合は多くが50％以下で日本の68％より全般的に低く、雨など天気の悪いときの制限も多くが50％以下で、日本の53％より低かった[17]。日本の高齢ドライバーの実行度が高いのは、日本は鉄道等の公共交通機関が

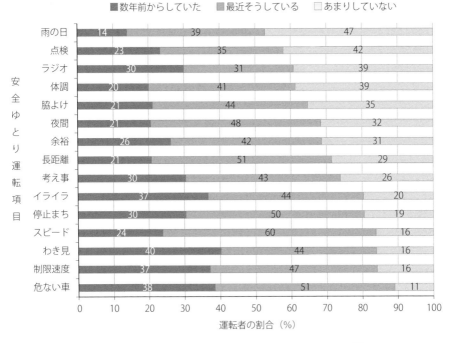

■数年前からしていた　■最近そうしている　□あまりしていない

図3-3　高齢ドライバーの安全ゆとり運転の実行度[16]

欧米より発達しているため、夜間や雨の日に車を運転しなくてもよい環境に
あることが考えられる。また、不安や自信の持ち方の国民性が影響している
のかもしれない。「他の人と比べて運転が上手か」といった質問をすると、
欧米のドライバーの50～90％は「上手なほう」と答えるが、日本のドライ
バーはそれほどの過大評価はしない[18]。上手と思わなければ危険な環境での
運転をひかえがちになるだろう。

⑥ 安全ゆとり運転をする人

1. 安全運転意識の高い人

　安全ゆとり運転とは、運転技能の低下によって危険となった運転をより安
全になるよう努める運転で、運転自体を減らしたり、危険な状況を避けるよ

う運転状況を選択したり、運転前の準備をしたり、運転中は安全第一に運転することである。このことから、安全ゆとり運転をするのは、安全運転意識の高い人や、老いや病気などによって運転技能低下を意識した人と考えられる。

　安全ゆとり運転をする人の安全運転意識が高いかどうかを、安全運転意識を測定する安全運転態度検査の結果から確かめてみよう。たとえば、科学警察研究所で作成された安全運転自己診断SAS912では、「ながら運転」をしているかを、「カーナビや地図を見ながら運転することがある」「運転中によくオーディオやテレビの操作をする」などの4項目で調べている[19]。また、「攻撃的運転」をしているかを、「追い越しや車線変更をするほうだ」「人から運転が強引だと言われたことがある」などの5項目で調べている。このように安全ゆとり運転に似た項目が安全運転態度を反映した運転として調査項目に含まれているので、安全ゆとり運転をする人の安全運転意識は当然高いといえるだろう。運転制限に関わる安全ゆとり運転でも、上記の検査をした60代の結果をみると、男女ともに運転制限をしていると考えられる年間走行距離が短いグループほど、安全運転態度が良いと判定される人が多かった[19]。

2. 運転技能の低下を意識した人

　老いや病気などによる運転技能低下を意識すると安全ゆとり運転をする人が増える。それはどんな人かを心理面と行動面と個人属性ごとに考えてみよう。まず心理面では、運転技能低下を感じる人は、運転中に不安を感じたり、運転に自信を持てなかったり、自分の運転が下手・不安全と感じたりする人で、こういった人には安全ゆとり運転をする人が多い[20-23]。

　逆にいえば、不安を感じないで運転したり、運転に自信を持っていたり、自分の運転を上手と思っている人は安全ゆとり運転をしないことになる。すると問題となるのは、運転技能が実際には低下しているのに、それを意識しないで自信を持って運転したりする人だ。この点については1章の図1-8でも述べた。

　運転技能低下を意識して安全ゆとり運転をする人を行動面からみると、運

転頻度が低い人、運転技能が低下している人[23, 24]、頭の働きや見え方や動作などの心身機能が低下している人[20, 25, 26]、病気にかかっている人[27-29]、最近事故を起こした人[20, 25, 30]だ。たとえば、図3-4のように、夜間の見えやすさにまったく問題のない人より、少しでも見えにくいと感じる人のほうが、夜間運転だけでなく、雨天や交通量が多い場所での運転をひかえて安全ゆとり運転をしていた[20]。

このように加齢による老いはそれを意識することで安全ゆとり運転を促すが、頭の老いが進み、認知機能が低下するとそうはいかなくなる。軽度認知障害（MCI）くらいなら、運転すると危ないから運転をひかえよう、注意して運転しようと思うが、認知症が進むとそうした判断ができなくなるのだ[23, 27, 31]。

個人属性でみると、まず年齢が影響する。当然のことながら高齢になると安全ゆとり運転をする人が多くなる。これはほとんどの研究で一致した知見だ。高齢になるほど心身機能が低下し、病気にかかる人も増え、危険な運転になったと感じる人が増えるからだ。筆者が行った調査でも、65歳以上になると急に安全ゆとり運転をする人が多くなった（図3-5）[32]。安全ゆとり運転を種類ごとにみると、速度抑制や避難運転という運転時の安全志向運転は、若い人でもよく行う運転戦略であるが、加齢に従ってもっと増えていく。それに対して「わき見をしないで運転する」といった安全志向運転の中

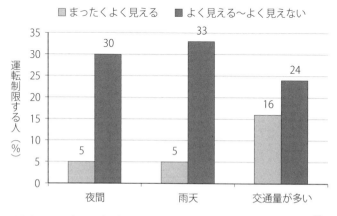

図3-4　夜間運転時の見え方と安全ゆとり運転（運転制限）[20]

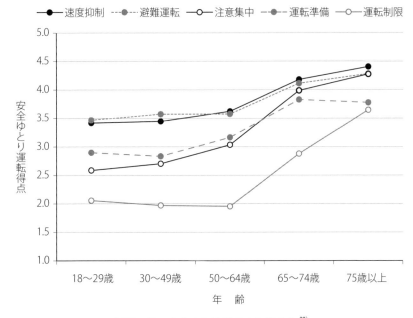

凡例: ●─ 速度抑制　●---- 避難運転　○─ 注意集中　●─ 運転準備　○─ 運転制限

図3−5　安全ゆとり運転の年齢変化 [32)]

＊　安全ゆとり運転得点は、1.ほとんどしない、2.たまにする、3.ときどきす
る、4.しばしする、5.いつもする、である。

の注意集中や「夜間の運転をひかえる」といった運転制限は、若いときには
それほどしないが、高齢になると急に増えていく。75歳を過ぎると、どの
安全ゆとり運転も「しばしばする」ようになる。

　男女差をみると、女性のほうが安全ゆとり運転をしているという研究結果
もあるし、男女で差がみられないという結果もある。ほぼ共通した知見は、
女性のほうが年間走行距離が少ないこと、男性ほど運転に自信を持っていな
いので雨や夜間などの危険な状況下での運転をひかえやすいことである [33)]。
筆者の行った調査でも、安全ゆとり運転の度合いはほんの少しだけ女性のほ
うが高く、運転頻度も女性のほうが低かった [30)]。

3.　安全ゆとり運転の効用を感じる人

　禁酒や運動など、健康に良い行動をとろうとするときの心理的なメカニズ

ムを説明する理論に健康信念モデル（HBM）がある。これは私たちがある対処行動をとろうと考えるときには、事故のようなマイナス面（脅威）を意識して何とかしなければと思う他に、その行動をとると良いことがあると思ったり（利益の認知）、逆にその行動をすると悪いことが生じるかもしれないと思ったりする（障害の認知）ことが影響するという理論だ。これを安全ゆとり運転に適用すると、次の節の表3-4の効用を強く感じる人（利益を認知する人）は安全ゆとり運転をするが、逆に安全ゆとり運転をすると自由に出かけられないと考える人（障害を認知する人）は、運転技能低下を意識しても安全ゆとり運転をしないことになる[34]。

3節 | 安全ゆとり運転の効用と問題点

① 安全ゆとり運転の効用

　安全ゆとり運転の実際上の意義を詳しくみていこう。それをまとめたのが表3−4だ。まずストレスが少なくなるという良い点がある。これは、安全ゆとり運転では、整えられた条件下で、ゆとりを持って運転することから、運転中に生じやすいストレスから解放されやすいということである。また、運転中のストレスは運転後にも尾を引く可能性があるから、日常生活のストレス減少にもつながる。

　安全ゆとり運転は老いに伴う運転技能低下を補う工夫で、それによって安全余裕が増える。そうすれば一番の目的である事故防止が実現されるはずだ。また、事故だけでなく、運転中のヒヤリ体験や違反も減るだろう。そうすると運転技能に対する不安が緩和されて、運転免許を返上することなく、長く運転を続けることができる。

　運転寿命が延びれば、それだけ自立した社会生活が送れる。高齢者にとって車は単に移動に便利な交通手段というだけでなく、社会参加や生きがいやプライドとも関係している。内閣府の60歳以上の運転者を対象とした世論調査によれば、今後も運転を続けようとする理由として、日常生活のうえで不可欠（対象者の73％が回答）、車の運転に慣れている（43％）、仕事に必要（27％）と並んで、車の運転が好きだからが3位（29％）にあげられていた[35]。

表3−4　安全ゆとり運転の効用

1　ストレスが少なくなる
2　事故を起こさなくなる
3　運転寿命が延びる
4　自立した生活が続けられる

② 安全ゆとり運転の事故防止効果

　表3−4に示したように、安全ゆとり運転の効用は大きい。主要な効用である事故防止も期待される。筆者の研究でも、自分の運転が危険であることを意識している人では、安全ゆとり運転をしている人ほど過去3年間の事故・違反が少なかった[36]。しかし、高齢ドライバーを対象に、安全ゆとり運転の実行度を聞き、その後の事故との関係を調べ、確かに安全ゆとり運転をすると事故が減少することを実証した研究はないようだ。安全ゆとり運転をするようになったグループのほうが、しないままのグループより安全ゆとり運転の効果で事故が減るという研究は、他の要因が絡んでいるため、実証が難しいのだ。

　また、この種の研究には多大な手間と費用がかかる。まず、ある要因が、この場合は安全ゆとり運転だが、事故に影響しているかどうかを調べるには、多数の高齢ドライバーを集めて調査する必要がある。人身事故は被害事故も含めても年間100人に1人くらいしか起きないから、ある期間の事故が多いか少ないかを論じるには、少なくとも1000人を集める必要がある。次に、安全ゆとり運転の実行頻度などの事故に影響する要因を、その期間をはさんだ2回にわたって調査する必要がある。

　安全ゆとり運転の事故防止効果を実証する研究はいずれ出てくるだろうが、ここでは安全ゆとり運転の事故防止効果を確かめるのが難しい理由を理論的に考えてみよう。

　安全ゆとり運転は、簡単にいえば運転を少なくし、運転するときは安全に徹した運転をするのだから、事故防止をもたらすのは自明なように思える。もし安全ゆとり運転をする前と後とで運転者の運転技能が変わらなければこれは間違いない。だから非高齢者の場合には、事故防止効果があるといえる（図3−6）。

　しかし、高齢ドライバーの場合は、高齢ゆえに、加齢が進んで心身機能が低下したり、病気になったりした結果、運転技能の低下が生じる可能性が大

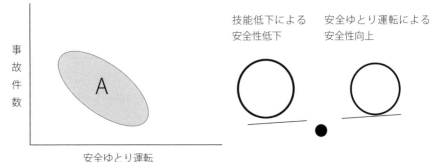

図３－６　非高齢者の安全ゆとり運転と事故との関係

図３－７　安全ゆとり運転の効果より技能低下の効果が大きいと事故は増える[16]

きい。しかも、前の節で述べたように、まさにこういう状態になった高齢者ほど安全ゆとり運転をする。したがって、安全ゆとり運転をし始めた高齢者の多くは、事故の危険性が増加した運転者といえる。するとその期間の事故の危険性は、調査前よりかえって高くなるかもしれない[37]。また、安全ゆとり運転を増やさなかった運転者は、あまり心身機能が低下しなかった元気な高齢者で、事故の危険性はそれほど増えない可能性もある。

　問題は、平均的な安全ゆとり運転の事故防止効果よりも、個々の高齢ドライバーが安全ゆとり運転によって事故の危険性をどれだけカバーできるかだ。事故が増えるかどうかは、加齢等の影響による運転技能低下と安全ゆとり運転の増加のどちらが大きいかによるだろう。図３－７のように安全ゆとり運転をしても、技能低下の進行のほうが大きいと、結果的に事故の危険性は増加することになってしまう。先に述べたワークブック[16]で、補償運転（安全ゆとり運転）をしていても必ずしも安全ではないというアドバイス文を作成したのはこのためだ。

③ 安全ゆとり運転の普及

　あいつぐ高齢ドライバー事故を受けて、2017年1月に「高齢運転者交通事故防止対策に関する有識者会議」が警察庁内に設置された。高齢者や交通安

全に関わる医療・福祉等の団体代表や医学・工学等の学会代表に交じって、当時日本交通心理学会の会長を務めていた筆者もその一員となった。

　現在も続いているその会議で、高齢ドライバー対策の1つとして筆者が提言したのは、高齢ドライバーに対して補償運転を勧めることだった。この提言は会議の主催者である警察庁交通局の理解を得て、2017年7月の交通局長通達で、全国の都道府県警察に対して、「個々の能力や特性に応じたきめ細かな指導を行って補償運転（危険を避けるため、運転する時と場所を選択し、運転能力が発揮できるよう心身及び環境を整え、加齢に伴う運転技能の低下を補うような運転方法を採ることをいう。）を促すこと」が通達された。

　これを受けて各県警等では、県下の高齢ドライバーに補償運転を勧めるキャンペーンなどをしたようだ。筆者も警察大学校や管区警察学校で各県から集まった担当者に講義をしたり、いくつかの県を回って補償運転の講演をしたりした。

　こうした努力は高齢ドライバーの補償運転の普及に少しは役立ったと思うが、普及にあたって問題となったのは、補償運転の教育方法だ。単にキャンペーンで「補償運転をしよう」と言っても、具体的にどんな運転をしたらよいか明確ではないと実行されない。たとえば「車間距離を十分にとろう」と言っても、どのくらいとればよいのか、条件によって車間距離は異なるのではないか、どうしたら車間距離を十分にとれるか、といった具体的な運転方法を示す必要がある。

　本書の以下の章で安全ゆとり運転の具体的な運転方法を解説し、その実行を促すワークをしてもらうのは以上の背景からだ。

④ 本書を用いた安全ゆとり運転の推進

　安全ゆとり運転は技能低下が進んだ高齢ドライバーにとって、事故の防止や運転寿命の延伸をもたらす良い方法である。また、まだ技能が低下していない高齢ドライバーでもこの方法を取り入れると効果がありそうだ。しかし、老いに伴う運転技能低下を自覚していなかったり、安全運転意識が低

かったり、安全ゆとり運転の効用を感じなかったりする一部の高齢ドライバーは、この方法を取り入れていない。

　それでは、こうした安全ゆとり運転を多くの高齢ドライバーに勧めるにはどういった運転者教育をすればよいのだろうか。安全ゆとり運転の具体的な運転方法を示すことが必要であると述べたが、それだけでは全体像がみえてこない。運転者教育を考える場合には、一般的にその教育目標、対象者、内容、方法を考慮する必要がある。本書も高齢ドライバーに安全ゆとり運転を勧めるものだから、これに沿って検討していこう。

1. 目標

　運転者教育の目標は、従来は一般的な交通安全知識や危険回避の知識・技能を身につけることだった。しかし、これからの教育は自分の行っている運転行動を客観的に捉え、自分の行動をコントロールできるドライバーを育成することだといわれる[38]。

　こうした観点からすると、高齢ドライバーに今以上の安全ゆとり運転を促すという本書の目標を達成するためには、高齢ドライバーが自分の運転の危険性とその対応策としての安全ゆとり運転の実行度を自覚する必要がある。「高齢ドライバーのための安全運転ワークブック」はそれを目指したものだった[16]。しかし、そのワークブックでは15個の補償運転項目の実行を促すことができたが、具体的にどういった運転をすればよいのかまでは示していなかった。そこで本書では、安全ゆとり運転の具体的な方法について解説し、高齢ドライバーの安全ゆとり運転の実行を支援することを主な目的とした。

2. 対象者

　高齢ドライバー教育には、加齢や病気のために運転技能が低下した危険性が高いドライバーをターゲットとした教育と一般の高齢ドライバーを対象とした教育がある。わが国最大の高齢ドライバー教育である高齢者講習は、免許更新をしようとする一般の高齢ドライバーを対象としつつも、認知機能の低下の度合いによって教育内容を少し変えて実施している。

　本書は一般の高齢ドライバーとその教育担当者を念頭に書いた。教育担当者を念頭に置いたのは、一般の高齢ドライバーで、本書を読んで安全ゆとり運転を理解して実行できる人は、そんなにいるわけではないからだ。一般的には教育担当者が、本書を参考に安全ゆとり運転教育を進めるのがよいだろう。

3.　教育内容

　安全ゆとり運転という新しい運転行動を促すためにはどんな内容を教育・指導したらよいだろうか。1章で述べた運転者教育目標のGDEフレームワークでは、運転者教育の目標・内容として、運転に必要な知識と技能、リスク増加要因、および自己評価をあげていた。

　自己評価を取り上げたのは、運転の安全性は運転技能の他に、自分の運転とその危険性を正しく評価できているかによるからだ。そこで本書では、まず安全ゆとり運転を自分はどのくらい実行しているか、それに比べ他の人はどのくらい実行しているかを認識してもらい、自分の安全ゆとり運転の現実を認識・評価してもらうようにした。

　この自己評価は教育内容として適切である他に、安全ゆとり運転を学ぼうとする動機づけを高めてくれる。一般に教育をするにあたっては、生徒に学ぼうというモチベーションを持ってもらうことが重要だ。筆者の大学でも、1回目の授業では、授業のテーマとともにその授業で身につけることができる知識、能力、態度を説明し、学習意欲を高めるようにしている。自動車教習所でも「教習の4段階法」の第1段階は「学習の導入」で、教習生のモチベーションを高める役割を果たしている。

　安全ゆとり運転の必要性を感じてくれたら、次はそうした運転に必要な知識と技能を教え、実際の運転行動に結びつけることだ。安全ゆとり運転に必要な知識は、個々の安全ゆとり運転（たとえば、制限速度を守って運転する）がなぜ危険防止となるかについての知識であり、技能とはそういった運転をするための具体的な方法を身につけることである。本書で取り上げる具体的な安全ゆとり運転の方法は、高齢ドライバーから聞き取りやアンケートをして調べた。それらを5個くらいずつ示して（たとえば、「夜間の運転をひかえる」

方法として、「早めに出かけて、夕方や夜にならないうちに家に帰る」など）、安全
ゆとり運転のノウハウとして紹介した。

　また、安全ゆとり運転のような新しい行動を身につけるには、目標の設定
が効果的だといわれる[39, 40]。そこで本書では、提示された具体的な安全ゆと
り運転の方法の中から、自分が取り入れたい項目を読者が自ら選ぶようにし
た。

4．教育方法

　運転者教育には様々な方法がある（表3-5）。教育・訓練の場所はどこか、
どんな教材や機器を使用するか、どんな手法や理論を用いて教育するかなど
多種多様だ。高齢ドライバーに対する安全ゆとり運転の教育は、表3-5の
どの方法でもできそうだが、本書は、教室や自宅で学ぶためのテキスト（1
章から3章、6章）や自己評価ツールを用いた運転に対する自己理解を深める
教材（4章と5章）として作成された。

　本書を教室で実施する場合は、講師の問いに対して高齢ドライバーが答え
るようなかたちで、本書の4章から6章の課題（ワーク）に回答していくとい
うスタイルをとるとよい。残りの章は自習でもよいし、講義形式でもよい。
自宅で高齢ドライバーが自習する場合は、ゆっくりと自分の運転を思い浮か
べながら読み進めていただきたい。

表3-5　運転者教育の方法

場所	教材	技法
教室	テキスト（運転、事故、老化・病気など）、映像、問題冊子	講義（知識伝達）、テスト、対話・ディスカッション、発表・プレゼンテーション
検査室・実験室	運転適性検査機器ドライビング・シミュレータ	指導者によるフィードバックコーチング技法
模擬道路	車（運転、映像、測定）	個別指導、コーチング技法
路上		オペラント学習（行動修正法）観察学習（ミラーリング法）
自宅	テキスト、自己評価ツール（安全運転態度検査、ワークブックなど）	自己フィードバック（自分の運転の振り返りと自己理解）

文献

1 ）ユング, C.G. 高橋義孝（訳）（2017）．無意識の心理．人文書院．

2 ）日下菜穂子（2011）．パーソナリティと適応．大川一郎・土田宣明・宇都宮博・日下菜穂子・奥村由美子（編著），エピソードでつかむ老年心理学（pp. 174-177）．ミネルヴァ書房．

3 ）Lemon, B.W., Bengtson, V.L., & Peterson, J.A. (1972). An exploration of the activity theory of aging: Activity types and life satisfaction among in-movers to a retirement community. *Journal of Gerontology*, 27(4), 511-523.

4 ）Cumming, E., & Henry, W.E. (1961). *Growing old: The process of disengagement*. New York: Basic Books.

5 ）Rothbaum, F., Weisz, J.R., & Snyder, S.S. (1982). Changing the world and changing the self: A two-process model of perceived control. *Journal of Personality and Social Psychology*, 42(1), 5-37.

6 ）竹村明子・仲真紀子（2013）．身体や健康の衰退に調和するための高齢者の対処——二次的コントロール理論を基に．発達心理学研究，24(2)，160-170.

7 ）Tornstam, L. (1989). Gero-transcendence: A reformulation of the disengagement theory. *Aging Clinical and Experimental Research*, 1, 55-63.

8 ）増井幸恵（2016）．老年的超越．日本老年医学会雑誌，53(3)，210-214.

9 ）Baltes, P.B., & Baltes, M.M. (1990). Psychological perspectives on successful aging: The model of selective optimization with compensation. In P.B. Baltes & M.M. Baltes (Eds.), *Successful aging: Perspectives from the behavioral sciences* (pp. 1-34). New York: Cambridge University Press.

10）小田利勝（2019）．老年期における発達をめぐる課題とサクセスフル・エイジング．応用老年学，13(1)，4-16.

11）Baltes, P.B. (1997). On the incomplete architecture of human ontogeny: Selection, optimization, and compensation as foundation of developmental theory. *American Psychologist*, 52 (4), 366-380.

12）OECD (1985). *Traffic safety of elderly road users*. Paris: Organization for Economic Co-operation and Development.（OECD（1986）．老人道路利用者の交通安全．全日本交通安全協会）

13）De Raedt, R., & Ponjaert-Kristoffersen, I. (2000). Can strategic and tactical compensation reduce crash risk in older drivers? *Age and Ageing*, 29, 517-521.

14）Näätänen, R., & Summala, H. (1976). *Road-user behavior and traffic accidents*. Amsterdam, Netherlands: North-Holland.

15）松浦常夫・石田敏郎・石川淳也・垣本由紀子・森信昭・所正文（2006）．高齢者用ワークブックの作成とそれに向けた運転行動の諸調査．交通心理学研究，22，1-15.

16) 松浦常夫（2008）．高齢ドライバーのための安全運転ワークブック 実施の手引き．企業開発センター．

17) Molnar, L.J., Eby, D.W., Zhang, L., Zanier, N., Louis, R.M., & Kostyniuk, L.P. (2015). *Self-regulation of driving by older adults: A longROAD study (technical report)*. Washington, D.C.: AAA Foundation for Traffic Safety.

18) 松浦常夫（1999）．運転技能の自己評価に見られる過大評価傾向．心理学評論，42 (4)，419-437.

19) 全日本交通安全協会（2012）．安全運転自己診断SAS912 実施手引.

20) Charlton, J.L., Oxley, J., Fildes, B., Oxley, P., Newstead, S., Koppel, S., & O'Hare, M. (2006). Characteristics of older drivers who adopt self-regulatory driving behaviours. *Transportation Research Part F: Traffic Psychology and Behaviour*, 9(5), 363-373.

21) Gwyther, H., & Holland, C. (2012). The effect of age, gender and attitudes on self-regulation in driving. *Accident Analysis and Prevention*, 45, 19-28.

22) MacDonald, L., Myers, A.M., & Blanchard, R.A. (2008). Correspondence among older drivers' perceptions, abilities, and behaviors. *Topics in Geriatric Rehabilitation*, 24(3), 239-252.

23) Baldock, M.R.J., Mathias, J.L., McLean, A.J., & Berndt, A. (2006). Self-regulation of driving and its relationship to driving ability among older adults. *Accident Analysis and Prevention*, 38(5), 1038-1045.

24) Molnar, L.J., & Eby, D.W. (2008). The relationship between self-regulation and driving-related abilities in older drivers: An exploratory study. *Traffic Injury Prevention*, 9(4), 314-319.

25) Ball, K., Owsley, C., Stalvey, B., Roenker, D.L., Sloane, M.E., & Graves, M. (1998). Driving avoidance and functional impairment in older drivers. *Accident Analysis and Prevention*, 30(3), 313-322.

26) Holland, C. A., & Rabbitt, P. M. (1992). People's awareness of their age-related sensory and cognitive deficits and the implications for road safety. *Applied Cognitive Psychology*, 6(3), 217-231.

27) Devlin, A., & McGillivray, J.A. (2014). Self-regulation of older drivers with cognitive impairment: A systematic review. *Australasian Journal on Ageing*, 33(2), 74-80.

28) Stolwyk, R.J., Scally, K.A., Charlton, J.L., Bradshaw, J.L., Iansek, R., & Georgiou-Karistianis, N. (2015). Self-regulation of driving behavior in people with Parkinson disease. *Cognitive and Behavioral Neurology*, 28(2), 80-91.

29) Ang, B. H., Oxley, J.A., Chen, W.S., Yap, K.K., Song, K.P., & Lee, S.W.H. (2019). To reduce or to cease: A systematic review and meta-analysis of quantitative studies on self-regulation of driving. *Journal of Safety Research*, 70, 243-251.

30) Matsuura, T. (2011). Older drivers' risky and compensatory driving: Development of a safe driving workbook for older drivers. In D. Hennessy (Ed.), *Traffic psychology: An international perspective* (pp. 87-113). New York: Nova Science Publishers.

31）Wong, I.Y., Smith, S.S., & Sullivan, K.A. (2012). The relationship between cognitive ability, insight and self-regulatory behaviors: findings from the older driver population. *Accident Analysis and Prevention*, 49, 316-321.

32）松浦常夫（2017）．高齢ドライバーの安全心理学．東京大学出版会．

33）太子のぞみ・臼井伸之介（2017）．高齢運転者の運転が困難な状況での運転頻度及び運転回避頻度における性差．労働安全衛生研究，10(2)，75-83．

34）小菅律・藤田悟郎・岡村和子・吉野眞理子（2015）．高齢者における運転回避及び運転中止の意図に影響する要因．交通心理学研究，31(1)，1-13．

35）内閣府（2019）．平成30年度 高齢者の住宅と生活環境に関する調査結果（pp. 109-110）．https://www8.cao.go.jp/kourei/ishiki/h30/gaiyo/pdf/23_seikatsu_b.pdf

36）松浦常夫・石田敏郎・垣本由紀子・所正文（2007）．高齢運転者用ワークブックの作成とその妥当性．日本応用心理学会第74回大会発表論文集，25．

37）Ross, L.A., Clay, O.J., Edwards, J.D., Ball, K.K., Wadley, V.G., Vance, D.E., ... Joyce, J.J. (2009). Do older drivers at-risk for crashes modify their driving over time? *Journal of Gerontology: Psychological Sciences*, 64B(2). 163-170.

38）太田博雄（2017）．運転者の再教育．松浦常夫（編），心理学と仕事18 交通心理学（pp. 86-94）．北大路書房．

39）Bandura, A. (1977). *Social learning theory*. Englewood Cliffs, NJ: Prentice Hall.

40）Stalvey, B.T., & Owsley, C. (2003). The development and efficacy of a theory-based educational curriculum to promote self-regulation among high-risk older drivers. *Health Promotion Practice*, 4(2), 109-119.

4章

運転前の安全ゆとり運転

・安全ゆとり運転項目の解説文

　各項目は5ページからなり、次のような内容の見出しで統一した。

① 　安全ゆとり運転の必要性
② 　安全ゆとり運転の実行度
③ 　安全ゆとり運転をするための工夫
④ 　あなたが取り入れたい工夫
⑤ 　安全ゆとり運転に関するトピック

　各項目のページを読むことで皆さんは、その安全ゆとり運転の必要性を理解し、それを実行するための工夫について知ることができる。

　また、それに加え各項目では3つの作業（ワーク）を用意した。

　　ワーク1　安全ゆとり運転のあなたの実行度
　　ワーク2　安全ゆとり運転を実行するためのあなたの工夫
　　ワーク3　あなたが取り入れたい工夫の記述

　この3つのワークをすることで、安全ゆとり運転の必要性を理解するだけでなく、自分の運転を振り返って、安全ゆとり運転を今まで以上に実行するようになると期待される。

・安全ゆとり運転の実行度と工夫の基礎データ（4章と5章で使用）

　安全ゆとり運転をしていない人にこれを促すためには、自分の実行度が他のドライバーより低いことを知らせる必要がある。そのための基礎データとして、7つの自動車教習所と2つのシルバー人材センターに協力を依頼し、431人の非高齢者と643人の高齢者の男女別・年齢層別の運転実行度を調べ、読者が自分の安全ゆとり運転実行度と比較できるようにした。

　また、安全ゆとり運転をするためには、そうした運転をしようとする意欲を喚起する他に、具体的な方針や実行方法を知る必要がある。そこで自動車教習所とシルバー人材センターの運転者に対して、安全ゆとり運転をするに際しての、方針や工夫や配慮を面接や質問紙によって調べた。対象者は計380人で、各人は20項目中の4項目の安全ゆとり運転について回答した。

　具体的には、「夜間の運転をひかえるために、どんなことに配慮・工夫していますか」といった問いをし、具体的な配慮や工夫を自由記述してもらった。KJ法的に、同じ記述内容であるものをまとめ、記述内容の多かったもの、工夫や配慮として妥当なものを、安全ゆとり運転項目1つあたり数個選んで、安全ゆとり運転をするための工夫の例とした。

・4章の安全ゆとり運転の項目

　ここでは20個の安全ゆとり運転のうち、運転前に行う9項目を取り上げその実行を勧める。9項目の安全ゆとり運転は、運転の制限・選択に関する5項目と運転前の準備に関する4項目とに分けた。

1節　運転の制限・選択
  1 夜間の運転をひかえる
  2 雨の日の運転をひかえる
  3 長距離の運転をひかえる
  4 安全に走行できるルートを選ぶ
  5 安全運転をサポートする車を運転する
2節　運転前の準備
  1 時間に余裕を持って出発する
  2 体調を整えてから運転する
  3 車の点検や車内の整頓をする
  4 安全運転をサポートしてくれる同乗者を乗せる

1 夜間の運転をひかえる

① 事故統計からみた「夜間の運転をひかえる」必要性

　交通事故は、人や車の交通が多かったり、道路交通を取り巻く環境が歩行者やドライバーにとって危険であったりするときに起きやすい。夜間は夕方の帰宅時を除けば交通量が昼より少ないが、暗いという環境が歩行者やドライバーにとって危険である。実際に夜間に事故が多いかを、1日24時間を2時間ごとに区切った事故発生件数でみてみよう。図4-1をみると、人身事故（負傷事故と死亡事故を合わせた交通事故）の件数は、朝と夕方のラッシュ時に多い。しかし、死亡事故に限ると、時間帯による差が少なく、夜間や早朝にかけても多く発生している。

　図より死亡事故は夜間に起こりやすいことがわかるが、死亡事故率（人身

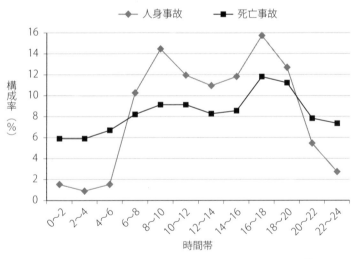

図4-1　時間帯別の人身事故と死亡事故の構成率[1]

事故に占める死亡事故の割合）で昼と夜の事故を比較してみても、夜のほうが3倍多い[1, 2]。さらに、交通量を加味して夜間の事故危険性を調べても夜間の危険性は明らかで、夜間は昼間より少しだけ交通量あたりの人身事故が多いが、死亡事故は2倍も起きやすかった[2]。

② 「夜間の運転をひかえる」の実行度

ワーク1　あなたはどのくらい「夜間の運転をひかえる」を実行していますか。当てはまる実行度に○をつけてみよう。
5　いつも夜間の運転をひかえている。
4　しばしば夜間の運転をひかえている。
3　ときどき夜間の運転をひかえている。
2　たまに夜間の運転をひかえている。
1　ほとんど夜間の運転をひかえていない。

あなたの「夜間の運転をひかえる」という安全ゆとり運転の実行度が、他の人より高いのか低いのかを比較するために、約1100人のドライバーに安全ゆとり運転の実行度を調査した。図4-2は「夜間の運転をひかえる」の

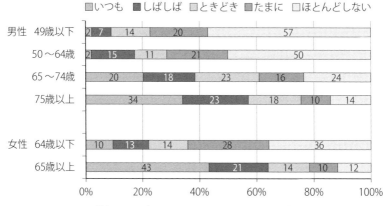

図4-2　「夜間の運転をひかえる」の男女別・年齢層別の実行度

実行度調査の結果である。

　表より「夜間の運転をひかえる」戦略は、高齢になると増える典型的な安全ゆとり運転であるといえる。64歳以下では「ほとんど」夜間運転をひかえていない人が半数を占めたが、65歳以上になると約半数が「いつも」あるいは「しばしば」夜間の運転をひかえるようになっている。男女差は大きく、女性のほうが夜間の運転をひかえていた。

　同年代、同性の人と比べてあなたの実行度はどうだっただろうか。

③ 「夜間の運転をひかえる」ための工夫

　ワーク2　あなたは「夜間の運転をひかえる」ために、どんな工夫や配慮をしていますか。当てはまるものにいくつでも○をつけてみよう。
　　ア　よほどの用事でない限り、夜間は運転しないと決めておく。
　　イ　夜間に車で出かけないように、用事は昼に済ませておく。
　　ウ　早めに出かけて、夕方や夜にならないうちに家に帰る。
　　エ　夜間に用事ができたら、出かける必要があるか、翌日の昼にまわせないか考える。
　　オ　夜間に用事ができたら、バスや徒歩で行けないか、家族などに送迎してもらえないか考える。

　夜間の運転をひかえるために、多くの人は様々な工夫や配慮をしている。アとイは、はじめから夜間は運転しないと決めている人の工夫である。イの意味は、たとえば買物は、休日の昼か平日の昼や仕事帰りに済ませておく習慣をつけることだ。

　ウは車通勤や車を使って仕事をする人には無理かもしれない。しかし、私用で車で出かける場合には、暗くならないうちに帰宅できるように、その日の計画を立てよう。

　エは仕事や人との付き合いで難しいかもしれないが、「明日できることは明日しよう」くらいの気持ちを持とう。「酒を飲んでしまった」とか「風呂

に入ってしまった」といった方便も時には必要だ。

　オは夜間にどうしても外出せざるをえないときの手段である。こういう事を想定して、日ごろから地域のバス路線を調べておいたり、家族の協力を仰いでおいたりすることが必要だ。

④ あなたが取り入れたい「夜間の運転をひかえる」ための工夫

> **ワーク3**　アからオの5つの工夫の中で、あなたがこれから採用したいもの、あるいはもっと取り入れていきたいものを1つ選んで○をつけてみよう。次いで、その場面を思い浮かべて具体的にどう工夫するか書いてみよう。

取り入れたい項目：　ア　イ　ウ　エ　オ
具体的な工夫：

⑤ トピック1　加齢に伴う視機能の低下

　目の加齢は20歳を過ぎると始まり、高齢になるとそれが加速する。その1つがカメラのレンズに相当する水晶体の機能低下だ。レンズが不整形になったり、弾力性がなくなってきたり、黄色味が増したり、濁ってきたりして、網膜に光が届きにくくなる。また、収差といってレンズを通過する光が一点に集まらない現象が生じる。こうなると暗くて見えないとか、モノがぼやけて見えるとか、遠近感（奥行知覚）がわかりにくくなる。

　カメラの絞りに相当する瞳が暗いところであまり開かなくなるのも加齢の影響で、老人性縮瞳と呼ばれ、これも夜間の視力低下につながる。また、網膜に光が届いても、その光を受けて電気信号として情報を脳に伝える細胞で

| 1000 lx | 若年者 | 高齢者 |

| 10 lx | 若年者 | 高齢者 |

図4－3　年齢と照度が影響する３ｍ先の読み取り可能な字の大きさ[5]

＊　10lxは市街地や住宅地の通路で必要とされる照度の基準値に相当。

ある錐体なども劣化する[3]。

　こういった加齢の影響から、高齢者は若い人より2〜3倍高い照度（明るさ）を必要とする[4]。生理的に、夜間や暗いところでは見えにくくなってしまうのだ[5]。図4－3をみてみよう。読み取れる文字の大きさは、1000lx（ルクス）下の若年者を1とした場合、1000lxでは2.1倍、10lxでは4.3倍の大きさが必要となる。読めないと明るくするなどの工夫をするだろうが、一般的に高齢者はそれほど暗さを感じないのがまた問題である。ヘッドライトなどは他のドライバーに先駆けて点灯しよう。

　夜間に見えにくい他に、水晶体の濁りにより散乱光が増すことから、高齢者はまぶしさに弱くなる。若者に比べ強い光をよりまぶしく感じるし（不快グレア）、まぶしさからの回復時間が延びる。夜間視力計で検査されるのはこの回復時間だ。

【1節｜運転の制限・選択】

2 雨の日の運転をひかえる

① 事故調査や統計からみた「雨の日の運転をひかえる」必要性

　雨の日の車の運転は自転車や徒歩に比べると快適だが、それでも運転しにくいし危険だ。

　アメダス気象データを使って、事故発生時を含む1時間の降水量を調べ、事故時の降水量分布を作成し、それを通常時の降水量分布と比較して、降水量（雨）が事故に与える影響を調べた研究がある。その結果によれば、雨が降っているときは降っていないときより、平均すると死亡事故が1.2倍多く、とくに大雨のときに多かった[6]。1.2倍というとそんなに差がないと思われるかもしれないが、交通量は雨が降ると少なくなることを考えると、実際の雨の危険度はもっと大きい。

　雨の中の運転が危険な理由は3つある。1つは雨が降ると視界が悪くなることだ。歩行者や自転車乗りと異なって、車のドライバーはフロントガラス越しに外を見るので、視界の悪さは雨天時には増幅される。事故の環境要因の中の「天候（雨、霧、雪等）のため相手の発見が遅れた」ことによる事故は、年間で328件発生している[7]。視界の悪さが増幅される夜間はとくに危険で、事故時の天候が雨のときの事故の割合は、昼が11％であるのに対し、夜は15％と多い[8]。

　雨が危険な2つ目の理由は、路面が濡れてタイヤが滑りやすくなるためだ。降雨時の路面との摩擦係数は、車の速度が高くなると急速に低下して危険が増す。ドライバーは危険を感じて速度を落とそうとはするものの、車の流れがあるため、それほど落ちない。事故の環境要因の中の「路面の湿潤・水たまりが操作や制動距離等に影響した」事故は、年間で646件発生している[7]。

　3つ目の理由は、雨が降ると家路を急ぐことだが、それを実証するデータ

は見つけられなかった。

②「雨の日の運転をひかえる」の実行度

> **ワーク4** あなたはどのくらい「雨の日の運転をひかえる」を実行していますか。当てはまる実行度に○をつけてみよう。
> 5 いつも雨の日の運転をひかえている。
> 4 しばしば雨の日の運転をひかえている。
> 3 ときどき雨の日の運転をひかえている。
> 2 たまに雨の日の運転をひかえている。
> 1 ほとんど雨の日の運転をひかえていない。

図4-4より、雨の日の運転をひかえる人は夜間や次に述べる長距離の運転をひかえる人より少ない。それでも年齢が上がるにつれてその割合は増加する。また、他の運転制限と同様に、女性のほうがひかえる人の割合が高い。同年代、同性の人と比べてあなたの実行度はどうだっただろうか。

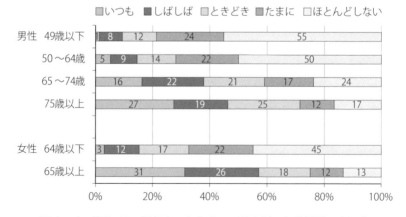

図4-4 「雨の日の運転をひかえる」の男女別・年齢層別の実行度

③ 「雨の日の運転をひかえる」ための工夫

> **ワーク5**　あなたは雨の日の運転をひかえるために、どんな工夫や配慮をしていますか。当てはまるものにいくつでも〇をつけてみよう。
>
> ア　前もって天気予報を調べて、雨になりそうな日には運転の予定を入れない。
>
> イ　当日も天気予報を調べて、途中で雨が降りそうなときは運転して出かけない。
>
> ウ　雨の日は、急用でない限り、用事を雨がやんだ後か翌日にまわす。
>
> エ　雨の日に出かけるときは、電車やバスなど別の交通機関を利用する。
>
> オ　雨の日に出かけるときは、家族や他の人に運転を頼む。

日本人は天気に敏感で、天気予報を見たり聞いたりする人が多い。天気予報も外国と比べて放映時間が長いし、きめ細かい。アとイは、そういった天気予報を利用して雨を避けて運転しようという工夫である。ウは雨が降っているときに用事ができた場合の処置である。

エとオは、雨の日に出かける場合に、自分で運転する以外の手段を確保する工夫だ。エのように電車やバスの便が良い人はそれを利用しよう。

ところで、雨の日こそ車の運転が便利だともいえる。目的地まで直行できるし、何よりその間、雨に濡れずに済むからだ。このような理由から、雨の日だからといって運転をひかえる人はそれほど多くない。しかし、前に述べたように雨の日の運転は危険だ。運転する場合は次のような点に配慮しよう。

・フロントガラスからの視界を確保するために、ワイパーの動きやウォッシャー液の量を確認する。ワイパーゴムは劣化しやすいので、年に1回は交換する。

・ガラスコーティング剤を利用する。これをフロントガラスに塗っておけ

ば、雨を水玉にはじいて走行中の風圧で吹き飛ばし、良好な視界を確保
してくれる。

・スピードを出さない。雨の日は見にくいうえに、路面が濡れていて滑り
やすく、停止距離も延びやすいからだ。

・歩行者や自転車とあいやすい裏道を運転しないで、広い道を運転する。

・雨が強い時間帯や夕方・夜間は、運転を避ける。

④ あなたが取り入れたい 「雨の日の運転をひかえる」ための工夫

> **ワーク6** アからオの5つの工夫の中で、あなたがこれから採用した
> いもの、あるいはもっと取り入れていきたいものを1つ選んで○をつけ
> てみよう。次いで、その場面を思い浮かべて具体的にどう工夫するか書
> いてみよう。

取り入れたい項目： ア イ ウ エ オ
具体的な工夫：

⑤ トピック2　雨天時の路面の滑りやすさ

　雨が降るとタイヤと路面との摩擦係数が低下し、それに反比例して制動距
離が長くなる（図4-5）[9]。摩擦係数 μ（ミュー）は、物体と路面の滑りにく
さを表したもので、滑りにくい路面では値が1に近く、滑りやすい路面では
値が小さくなる。乾燥したアスファルトは摩擦係数が高いが（$\mu = 0.8$）、濡れ
たアスファルトでは半分ほどになり（$\mu = 0.4〜0.6$）、圧雪路（$\mu = 0.2〜0.4$）、凍
結路（$\mu = 0.1〜0.2$）では滑りやすく低い値となる。

摩擦係数		
0.7〜0.9	乾燥路	
0.2〜0.4	圧雪路	3.2倍
0.1〜0.2	凍結路	5.4倍
0.1未満	凍結路（つるつる凍結路面）	8.0倍

＊　摩擦係数とは、タイヤと路面間の摩擦力の大きさを表す指数をいい、指数が小さいほど滑りやすいことを意味しています。

図4−5　路面状態と制動距離[9]

　同じ雨でも、降り始めとやんだときでは摩擦係数が異なる。乾燥路面に急に雨が降りだしたときは、路面上のホコリや泥などの影響で摩擦係数は急激に低下して、雪路と同じぐらい滑りやすいが、やがてホコリや泥が洗い流されると少し回復し、雨がやむと乾燥して元の値に戻っていく。ところで、濡れた路面を高速で走行した際にタイヤと路面の間に水が入り込むことでタイヤが浮いた状態になり、ハンドルやブレーキがコントロールできなくなるのが、ハイドロプレーニング現象だ。

　雨の降り始めに事故が起きやすいといわれるが、その1つの理由が路面の滑りやすさだ。他には、ドライバーが雨という環境変化に対応するのに時間がかかること、傘を持たない歩行者や自転車が、雨に濡れまいと気をとられ、車への安全確認がおろそかになることが考えられる。

3 長距離の運転をひかえる

1 事故統計からみた「長距離の運転をひかえる」必要性

　長距離運転は運転する時間が長くなって事故の危険性が増す。それに加え、長距離運転では事故の後半で疲労がたまったり、もう少しだという安心感から事故が発生しやすい。筆者が調べた結果では、事故は出発してから到着するまでの間に一様に分布するのではなく、平均すると中ごろから後半にかけて多く発生していた。この傾向は運転予定時間が長いトリップほど顕著で、運転予定時間が90分以上のトリップでは、事故の半数がもうすぐ目的地に着くという時点で発生していた[10]。長時間（長距離）運転では、トリップの前半や中ごろでも事故は起こるが、後半にはいっそう起こりやすいということだ。

　もう1つ研究結果を示そう（図4-6）。これは運転時間が長くなると事故が起きやすくなることを示したアメリカのトラックドライバー事故の調査結果だ[11]。この調査では、トラック運送会社に勤める人身事故を起こしたドライバーの事故までの運転時間を調べ、比較のために同じ会社で運転していて

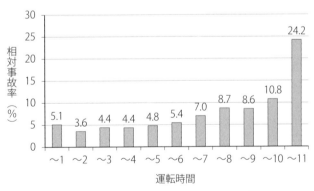

図4-6　運転時間別の相対事故率[11]

事故を起こさなかったドライバー2人のその日の運転時間を調べた。対象となったのは、人身事故を起こしたドライバーが542人、無事故のドライバーはその約2倍の1022人であった。

図4-6の縦軸は相対事故率で、ある運転時間（たとえば、出発後1時間、2時間から3時間）に事故を起こした人数を、その運転時間まで無事故であった人の数で割った値である。相対事故率は運転時間が長くなるにつれて次第に高くなり、とくに6時間より長く運転すると事故の危険性がいっそう大きくなった。

（2）「長距離の運転をひかえる」の実行度

ワーク7　あなたはどのくらい長距離の運転をひかえていますか。当てはまる実行度に○をつけてみよう。
　5　いつも長距離の運転をひかえている。
　4　しばしば長距離の運転をひかえている。
　3　ときどき長距離の運転をひかえている。
　2　たまに長距離の運転をひかえている。
　1　ほとんど長距離の運転をひかえていない。

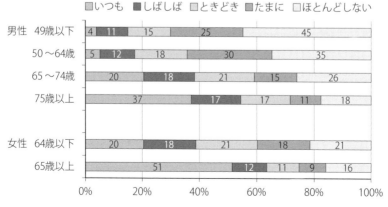

図4-7　「長距離の運転をひかえる」の男女別・年齢層別の実行度

長距離運転の長距離とはどのくらいの距離のことを指すのだろうか。高齢ドライバーに面接して聞いた結果によれば、100km以上と答えた人もいたし、数字でなく市外とか県外への運転、あるいは高速道路を使う運転という人もいた。また、富士市に住む71歳の女性のように「横浜までは妹の家によく遊びに行くから距離はあっても長距離という感じはしない。逆に、もっと近い距離でもふだん行かないところは長距離という感じがする」と考える人もいた。

　さて、実行度の調査によれば、「夜間の運転をひかえる」と同様に年齢差が大きく、年齢が増すにつれて長距離の運転をひかえる人が急増した（図4-7）。また、女性のほうが男性よりひかえる人の割合が高かった。あなたの実行度は、同年代や同性の人と比べてどうだっただろうか。

③「長距離の運転をひかえる」ための工夫

　ワーク8　あなたは長距離の運転をひかえるために、どんな工夫や配慮をしていますか。当てはまるものにいくつでも○をつけてみよう。
　ア　長距離を移動するときは、電車やバスなどを利用する。
　イ　長距離を車で移動するときは、家族や他の人に運転を頼んだり、交代で運転したりする。
　ウ　観光やレジャーで車を運転して行くときは近間を選ぶ。
　エ　日常の車での用事も近間で済ませる。

　アとイは、遠くに用事があったり、観光先などが遠くにあったりして、すでに行くことが決まっている場合に、自分が長距離運転をしないための工夫である。パーソントリップ調査の移動距離別の代表交通手段によれば、20kmを超えると鉄道利用者のほうが車利用者より増えてくる[12]。

　ウとエは、行き先を選べる場合には、車で行く範囲を近間にするという配慮である。コロナ禍の影響で、旅行に行くなら近間が推奨されているが、中高年にはとくにお勧めだ。

　ところで、どうしても長距離運転をしなければならないこともある。その場合の対処方法をあげてみよう。

・体調を整えておく。とくに、前日は早めに寝る。
・ガソリンやタイヤなど車の調子を確かめる。
・目的地までのルートや所要時間などを調べておく。
・家（日帰り）や宿（宿泊）に、明るいうちに着くように計画する。
・同乗者がいる場合は、交代して運転する。
・1〜2時間に1回くらいは休憩をとり、体をほぐしたり、水分を補給したりする。
・眠気を感じたら車を安全な場所に止めて休憩する。

（4）あなたが取り入れたい「長距離の運転をひかえる」ための工夫

> **ワーク9**　アからエの4つの工夫の中で、あなたがこれから採用したいもの、あるいはもっと取り入れていきたいものを1つ選んで○をつけてみよう。次いで、その場面を思い浮かべて具体的にどう工夫するか書いてみよう。

取り入れたい項目：　ア　イ　ウ　エ
具体的な工夫：

（5）トピック3　運転疲労

　何かを長時間し続けると疲れが出る。体を使った活動なら身体的な疲れが出るし、根を詰めるような活動なら精神的な疲れとなる。車の運転の場合

は、絶えず周囲に注意を払い、それをアクセルやブレーキやハンドルの操作に反映させていくという神経を使う活動であるから、精神的な疲れが出やすい。身体面では、筋力を使うきつい活動がない代わりに、狭い車内で固定された姿勢で座っているので、目だけでなく、首や肩や腰に違和感を訴えやすい[13]。

運転疲労の原因は、運転に伴う疲労と睡眠に関わる疲労の2つに分けられる[14]。運転の要因には、運転の時間的長さ、運転する時間帯、気象状況、道路交通状況などがある。たとえば、長時間運転や悪天候下の運転は疲労しやすい。道路交通状況でいえば、緊張を強いる状況下での運転は疲れやすいということだが、逆に単調な道路が続いたり、交通量が少なかったりしても、眠気が生じやすい[14]。

運転疲労の睡眠要因には、サーカディアンリズムによる眠気をもたらす時間帯と前夜の睡眠の質がある。サーカディアンリズムというのは、脳内の生物時計が刻むリズムのことで、簡単にいえば、昼は目覚めていて、夜は眠いということである。深夜・早朝が最も眠気が強い時間帯だが、昼でも午後2時から5時ころに少し眠くなる[15]。居眠り運転による事故もこの早朝と午後2時ころにピークがみられる[14]。

運転疲労によりどんな運転になりやすいかというと、まず発見や反応が遅くなるため、信号や標識などを見逃しやすくなったり、ブレーキを踏むのが遅れたりしやすくなる。また、知覚と運動の協応がうまくいかなくなるために、車がふらつきやすくなったり、走行速度が安定しなくなったりする[13, 14]。

【1節 ｜ 運転の制限・選択】

4 安全に走行できるルートを選ぶ

① 事故事例からみた「安全に走行できるルートを選ぶ」必要性

〔事例1〕道順を考えながら左折したときの対自転車事故

　秋の夕暮れ、2トン貨物車を運転する60歳の男性Aさんは、いつもは直進する交差点を、この日は仕事先が左方向の数km先にあって、交差点を左折しようとしていた。しかし、左折後の道順を考えながら先頭車で左折したため、前方注視がおろそかになって、右から横断歩道を進行してきた自転車のBさんの発見が遅れて前方に跳ね飛ばしてしまった。

　59歳女性のBさんは、家族の証言によると、現場から500m離れた自宅を出て、自転車で買物に行く途中であった。Bさんの横断先にはガソリンスタンドがあり、そこの照明が眩しいため横断歩道付近が見にくい環境にあった。

　この事故は、運転に集中しなかったことで発生したが、運転に集中できなかったのは、運転前にルートを確かめておかなかったために、運転中に道順を考えざるをえなかったことによる。表通りで交通量が少ない道を選ぶなど、安全なルートを決めておくことが重要である。

② 「安全に走行できるルートを選ぶ」の実行度

　ワーク10　あなたはどのくらい「安全に走行できるルートを選ぶ」を実行していますか。当てはまる実行度に○をつけてみよう。

　　5　いつも安全に走行できるルートを選んで運転している。

　　4　しばしば安全に走行できるルートを選んで運転している。

3　ときどき安全に走行できるルートを選んで運転している。
　　2　たまに安全に走行できるルートを選んで運転している。
　　1　ほとんど安全に走行できるルートを選んで運転していない。

　この運転戦略は年齢差が大きく、64歳以下の非高齢者は半数ほどしか採用していない一方、65歳以上の高齢者の半数は「いつも」あるいは「しばしば」採用している。男女差も少しあって、女性のほうが「安全に運転できるルートを選ぶ」傾向がある（図4−8）。同年代の同性と比べて、あなたの実行度はどうだっただろうか。

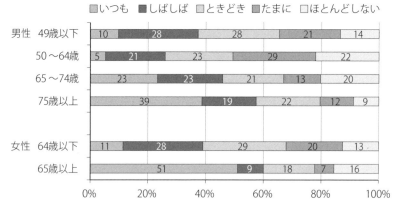

図4−8　「安全に走行できるルートを選ぶ」の男女別・年齢層別の実行度

③ 「安全に走行できるルートを選ぶ」ための工夫

　ワーク11　あなたは「安全に走行できるルートを選ぶ」ために、どんな工夫や配慮をしていますか。当てはまるものにいくつでも○をつけてみよう。
　ア　地図やカーナビでルートを確かめる。
　イ　慣れた道を選ぶ。
　ウ　脇道を避け、主要な道路を利用する。

エ　右折が少ないルートを選ぶ。

オ　交通量が少ない時間帯を選ぶ。

アの地図の利用は昔ながらの方法で、最近はスマホや車載のカーナビを使う人が多い。カーナビは、示されたルートに従って運転すれば到着できるすぐれものであるが、所要時間を重視しがちのルートとなりやすいので注意が必要だ。また、知らないところや遠出をあまりしない高齢者の中にはナビがあるのに使わない人もいる。利用できるときは、面倒がらずに使おう。ただし、運転中の使用はひかえることだ。

イの慣れた道を選ぶというのは、遠回りになってもなるべく知らない道を運転しないということである。知らない道の運転は面白い発見もあるが、道順に気をとられたり、道路交通環境を十分に把握できなかったり、不安を感じて運転したりして、慣れた道の運転より事故を起こしやすい[16]。しかし、仕事上で知らない道を通らざるをえない人もいる。配送や営業の人たちだ。その場合は、目的地の近くまでは幹線道路を使い、そこから狭い道に入っていくことを心がけよう。

ウの脇道を避け、主要な道路を利用するのは、脇道より主要な道路のほうが安全であるからだ。安全な道路といえば、交通量が少なく、道路幅員が広く、見通しが良く、信号機が設置されているような道路である。主要な道路は、交通量は多いが、道路は広いし、見通しは良いし、信号機も設置されていて安全性が高い。一方、脇道は交通量が少ないのは評価できるが、道幅が狭かったり、見通しが悪かったりして危険性が高い。

エの右折が少ないルートを選ぶのは、運転中に右折場面が多いと、事故の危険性が高まるからだ。目的地にまっすぐ通じるルートがない場合は、反時計回りになるようなルートを設定すると左折が多くなり右折が減る。

オの交通量が少ない時間帯を選ぶは、同じルートを通行する場合でも、交通量の多い時間帯を避けて運転しようということだ。同様に、多車線道路では追越し車線より走行車線を運転するほうが、速度を出さずに済み、あおり運転されるなどのストレスも少なくて済む。

④ あなたが取り入れたい 「安全に走行できるルートを選ぶ」ための工夫

> **ワーク12** アからオの5つの工夫の中で、あなたがこれから採用したいもの、あるいはもっと取り入れていきたいものを1つ選んで○をつけてみよう。次いで、その場面を思い浮かべて具体的にどう工夫するか書いてみよう。

取り入れたい項目： ア イ ウ エ オ
具体的な工夫：

⑤ トピック4 ルート選択

　ドライバーのルート選択は、道路ネットワークの中で車は計画どおり道路を通行しているかという交通工学的観点から研究されてきた。具体的には、ドライバーは所要時間や通行料金などを考慮してルート選択をしているはずであるが、その選択条件は何か、各条件を点数化して総合点（効用）が最大になるように選択をしているのか、それとも優先する条件があってそれが決定的な影響力を持っているのか、条件を評価する場合の不確定な要因をどう扱うかなどが研究されてきた[17]。

　ここではルート選択に影響する要因について考えてみよう。図4-9はその結果の一例である[18]。一番重視する条件は、到着時間（所要時間）と高速料金であり、次いでルートの単純さ・わかりやすさ、走行距離（燃費）、安全性であった。時間やお金を気にしてルートを選ぶ人が多いようだが、高齢になったらルートの単純さ・わかりやすさや安全性を重視して選ぼう。

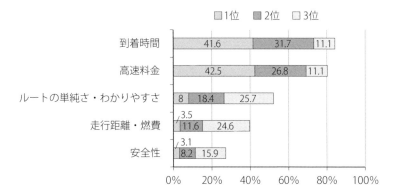

図4-9　経路選択時に重視する条件（1位から3位までの回答者割合）[18]

　カーナビによっては、ルート候補を選ぶのに、推奨ルートの他に、渋滞
（所要時間）考慮、有料道路優先、スマートIC（ETC専用の料金所）優先、ガ
ソリン節約などの条件からユーザーが選べるようになっている。中には直進
優先や広い道といった安全に関わる条件を選べるカーナビもあるが、まだ少
ない。しかし最近になって、ルートの事故危険性を、事故発生リスクや事故
発生による影響リスクなどで示すことによって、安全なルート選択を誘導す
る試みも研究されている。

5 安全運転をサポートする車を運転する

① 事故調査からみた「安全運転をサポートする車を運転する」必要性

　自動ブレーキ（衝突被害軽減ブレーキ：AEB）は、車載レーダーやカメラなどで前方の車や歩行者を検知し、衝突の可能性がある場合に、運転者に警報する装置だ。また、衝突の可能性が高い場合には自動でブレーキが作動して停止するので事故にならずに済むし、衝突したとしても被害が軽減される優れものの先進安全技術だ。

　実際に自動ブレーキ装着車と非装着車の事故率を比較した調査でも効果がみられた。交通事故総合分析センターで、自動ブレーキを搭載した自家用乗用車と未搭載の自家用乗用車の数を登録・届出車数で調べ、両者の10万台あたりの対四輪車追突事故件数をセンター保有の交通事故統合データで調べたところ、自動ブレーキ搭載車の事故のほうが半分ほど少なかった（図4－10)[19]。

　ただし、AEB装置が正常に作動しないこともあるし、正常に作動してい

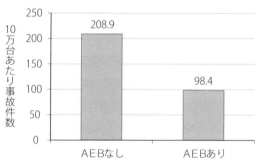

図4－10　自動ブレーキ装置の追突事故防止効果[19]

ても、走行速度や走行時の周囲の環境、路面の状況等によっては、障害物を正しく認識できず、衝突を回避できない場合があり、完全に事故を防げるわけではない。AEB装置の作動条件を記載した自動車の取扱説明書等を読んで、装置の使い方を理解し、過信しないことだ。

（2）「安全運転をサポートする車を運転する」の実行度

> **ワーク13**　あなたはどのくらい安全運転をサポートする車を運転していますか。当てはまる実行度に○をつけてみよう。
> 5　いつも安全運転をサポートする車を運転している。
> 4　しばしば安全運転をサポートする車を運転している。
> 3　ときどき安全運転をサポートする車を運転している。
> 2　たまに安全運転をサポートする車を運転している。
> 1　ほとんど安全運転をサポートする車を運転していない。

「安全運転をサポートする車を運転する」には年齢差がみられなかった。男女差はみられ、女性のほうが「安全運転をサポートする車を運転する」人が多い（図4-11）。あなたのサポート車運転の実行度は、同性の人と比べて

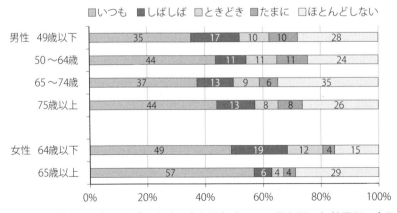

図4-11　「安全運転をサポートする車を運転する」の男女別・年齢層別の実行度

どうだっただろうか。

③ 「安全運転をサポートする車を運転する」ための工夫

> **ワーク14** あなたは「安全運転をサポートする車を運転する」ために、どんな工夫や配慮をしていますか。当てはまるものにいくつでも○をつけてみよう。
> ア 自分の車に先進技術を用いた運転支援装置を追加した。
> イ 安全運転サポート車（サポカー）を購入した。
> ウ 安全運転サポート車や運転支援装置について理解する。
> エ 運転支援装置に頼らないで運転する。

アの運転支援装置の追加（後付け装置）は、自動ブレーキの場合は難しいが、ペダル踏み間違い時加速抑制装置なら数万円で取り付け可能だ。すべての車種に可能というわけではないが、検討してみよう。また、次に車を買いかえるときは、安全運転サポート車にしよう（イ）。

ウは安全運転サポート車の理解に関することだ。たとえば、ABS（アンチロック・ブレーキシステム）やブレーキアシストは衝突の危険性を前もって教えてくれないが、自動ブレーキは、車載レーダーやカメラなどで前方の車や歩行者を検知し、衝突の可能性がある場合には運転者に対して警報してくれる。また、衝突の可能性が高い場合には自動でブレーキが作動して停止するので事故にならずに済むし、衝突したとしても被害が軽減される。しかし、警報に驚いて急ハンドルで避けようとしたり、アクセルを踏んだりすると、自動ブレーキが解除される場合がある。自動ブレーキの作動速度などの機能は車ごとに異なるので、説明書をよく読むことが必要だ。

エの運転支援装置に頼らない運転は、サポカーを運転していても機能が作動しないような安全運転をするという意味だ。運転支援装置は、万一のときの保険と考え、機能がないつもりで運転するとよい。

④ あなたが取り入れたい 「安全運転をサポートする車を運転する」ための工夫

> **ワーク15**　アからエの4つの工夫の中で、あなたがこれから採用した
> いもの、あるいはもっと取り入れていきたいものを1つ選んで〇をつけ
> てみよう。次いで、その場面を思い浮かべて具体的にどう工夫するか書
> いてみよう。

取り入れたい項目：　ア　イ　ウ　エ
具体的な工夫：

⑤ トピック5　安全運転サポート車

　安全運転サポート車は、実用化された車の先進安全技術のうち、運転者、とくに高齢ドライバーの安全運転に役立ち、普及拡大が見込まれるものを搭載した自動車である。高齢ドライバーの事故が話題となった2016年の翌年に、その対策の1つとして政府から出された。

　高齢ドライバーは、衝突によって死亡しやすいことから自動ブレーキの搭載が必要であり、またブレーキ・アクセルの踏み間違えによる死亡事故が多いことからペダル踏み間違い時加速抑制装置（図4-12）を搭載することとし、そういった車をセーフティ・サポートカーS（サポカーS）とした。このうち、高齢ドライバーは車両単独事故の割合が多く、さらに夜間の視機能の低下が大きいことから、車線逸脱警報装置と先進ライトを加えた車はセーフティ・サポートカーS（ワイド）と呼ばれる[20]。

　車の先進安全技術は高齢者だけでなくその他の世代のドライバーにとって

図4－12　ペダル踏み間違い時加速抑制装置（バック時の急発進の例）[21]
出典：独立行政法人自動車事故対策機構（NASVA）

も有用である。現在では最も事故防止の効果が高いとされている自動ブレーキ（衝突被害軽減ブレーキ）を搭載した車をセーフティ・サポートカー（サポカー）と呼んでいる。

　ところで2020年の道路交通法の改正で、自動ブレーキなどの機能を備えた安全運転サポート車（サポカー）に限って運転できる限定免許が新設されることになった。年齢に関係なく希望すれば誰でも普通免許から切りかえられ、運転に不安がある人にとっては免許返納以外の選択肢になる。車に求める運転支援機能の具体的な要件は、今後の技術の実用化を踏まえて決定される。

【2節 | 運転前の準備】

1 時間に余裕を持って出発する

① 事故事例からみた「時間に余裕を持って出発する」必要性

〔事例2〕時間に遅れて速度を出し路外逸脱

64歳の無職男性Cさんは、12月の木曜日、晴れた朝の8時ごろ、遠くのゴルフ場に行くため、田園地帯を通る車道幅員が6mの2車線道路を運転していた。しかし、目的地に着く時間に遅れていたことから、急いでいて時速80kmという高速で進行していた。そのため、前方に急な左カーブがある地点にさしかかったときには、あせっていてカーブに気づくのも遅れて、曲がりきれずにCさんの車は右側のガードレールに衝突してしまった。車はその弾みで反対道路側の休耕田に転落し、横転した。

この事例は「時間に余裕を持って出発する」ことの大切さを示す典型例だ。時間に遅れそうになると、急ぎの運転になって事故を起こしやすくなるのだ。Aさんはゴルフ場に行くのにこの道を利用していたので、決して知らない道ではなかった。それなのに急ぎによる気持ちのあせりでカーブに気づくのに遅れ、しかも速度超過でカーブを曲がりきれなかった。

「時間に余裕を持って出発する」のは、運転中に急いであせった運転をしないためであり、また急いで速度超過の運転にならないためだ。余裕を持って出発して目的地に早めに着けば、運転だけでなく用事や仕事にも余裕ができてうまくいくだろう。

② 「時間に余裕を持って出発する」の実行度

> **ワーク16** あなたはどのくらい「時間に余裕を持って出発する」を

実行していますか。当てはまる実行度に〇をつけてみよう。

　　5　いつも時間に余裕を持って出発している。

　　4　しばしば時間に余裕を持って出発している。

　　3　ときどき時間に余裕を持って出発している。

　　2　たまに時間に余裕を持って出発している。

　　1　ほとんど時間に余裕を持って出発していない。

　「いつも」あるいは「しばしば」、時間に余裕を持って出発する安全ゆとり運転を、中年で半数、高齢者ではもっと多くの4分の3が採用していた（図4－13）。男女では、こうした運転の実行度はあまり変わらなかった。同年代の人と比べて、あなたの実行度はどうだっただろうか。

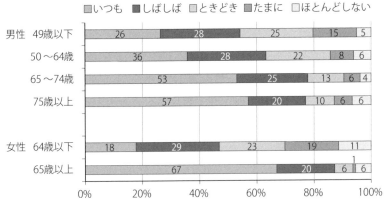

図4－13　「時間に余裕を持って出発する」の男女別・年齢層別の実行度

③ 「時間に余裕を持って出発する」ための工夫

> **ワーク17**　あなたは「時間に余裕を持って出発する」ために、どんな工夫や配慮をしていますか。当てはまるものにいくつでも〇をつけてみよう。
>
> 　ア　前の日あるいは当日なら早めに出かける準備をしておく。

イ　朝や午前に出発する場合は早起きをする。

ウ　出発前に用事を入れない。

エ　出発間際まで用事を続けない。

オ　目的地までの所要時間を確認し、少なくとも10分前には着くように出発する。

　ここに示した工夫や配慮は、他の安全ゆとり運転の項目と同様、76人の高齢者や中年のドライバーに面接したり、質問紙調査で質問したりした結果をまとめたものだ。あなたはどの項目に○をつけただろうか。順を追って解説しよう。

　アの早めの準備は、運転や用事のための準備を早めにすることだ。運転の準備には、運転ルートや渋滞情報などの確認がある。用事の準備というのは、運転中や目的地で必要とする持ち物を準備することだ。メガネ、筆記用具、おみやげなど目的によって様々な持ち物があるだろう。

　イの早起きは、高齢者なら自然に起きるのが早くなるので、それほど難しいことではない。たとえば朝の8時に出発するとすれば、6時前までに起床すれば、あわただしく食事をしたり、準備をしたりしないで済む。しかし、中には早起きが苦手な人もいる。筆者が勤務する大学でも、スマホのアプリで何回も、時には何十回も起床合図が鳴っても起きられないというゼミ学生が何人かいた。その証拠として、合図があった時間が何十行も記されたスマホの画面を見せられ、あきれてしまった。そういう人は家族の人に起こしてもらうしかない。

　ウの出発前の用事というのは、出発するまでに時間があるからといって、別の用事を入れることだ。その用事に手間取ってしまったり、夢中になったりすると、出発時間に間に合わなくなってしまう。家族の者から出がけに家の用事を頼まれても帰宅後にまわそう。

　エのように、いつもの用事でもギリギリまで続けてしまい、出発が遅れることもよくある。主婦の方は、食事の片づけなどの用事を簡単に済ますことも必要だ。まして、新たな用事を入れると、時間はどんどん過ぎてしまう。

出発遅れを防ぐには、家の中に時計をいくつか置いて時間をチェックしたり、アラームを設定しておいたり、家族の人に時間を知らせてもらったりするとよい。

　オの10分前というのは、若い人には早すぎると感じる人もいるかもしれないが、高齢者の中には20分間とか30分前には着くようにするという人も多い。事故や工事などで渋滞が生じて時間がかかったり、知らないところや遠いところに出かけるときなどは、想定以上の時間がかかったりするので、早めの行動が必要なのだ。早く着くと時間がもったいないと感じる人も多いが、それを余裕と考えよう。

④ あなたが取り入れたい
　　「時間に余裕を持って出発する」ための工夫

> **ワーク18**　アからオの5つの工夫の中で、あなたがこれから採用したいもの、あるいはもっと取り入れていきたいものを1つ選んで○をつけてみよう。次いで、その場面を思い浮かべて具体的にどう工夫するか書いてみよう。

取り入れたい項目：　ア　イ　ウ　エ　オ
具体的な工夫：

⑤ トピック6　時間管理

　私たちは時間的なスケジュールに従って1日を過ごしているので、時間管理がうまくいかないと仕事や日常生活に支障が生じる。皆さんは、朝の出がけや出勤中に、今日はどういった仕事を行うか、各仕事の時間と優先順位は

どうかといった計画を立て、仕事中には予定どおりに進んでいるか確認するだろう[22, 23]。

　時間がないと時間管理もスムーズにいかない。朝、あわただしく車で出発するときもその例だ。一般的に、ある程度の時間的制約があると、がんばるのでかえって用事が早く済み、用事もある程度こなせる。しかし、時間が切迫していると、用事に費やす時間は短くなるものの、用事はうまく処理されず、また精神的な負担が増加する[24]。

　時間が切迫してくると、私たちはどんな方法で課題を実行しようとするかというと、スピードを上げる、情報をふるい分ける、やり方を変える、の3つの方法をとる[25]。情報をふるい分けるというのは、重要そうな情報のみに着目することで、効率的ではあるが、本当に重要な情報を見落とすおそれもある。

　時間管理が上手な人と下手な人がいるが、それはどういった人だろうか。時間管理が上手な人の性格を調べると、几帳面で責任感が強い、情緒が安定している、行動の基準が他人より自分の考えであるような人であるという。また、時間管理が上手だと自分の時間を有効に使っているという意識が働き、それが日々の満足感やストレス低減につながる[22, 26]。

　時間管理が苦手な人は、時間に余裕があるときは課題をうまく遂行し、時間的に切迫しているときでも最初のうちは順調だという。しかしやがて、時間が足りなくなって間に合わなくなってしまう[27]。

2 体調を整えてから運転する

① 事故統計からみた「体調を整えてから運転する」必要性

　体調を整えてから運転することは高齢者に限らず安全運転に必要だ。体調が悪いまま運転すると、信号や歩行者などのハザード（危険に関わる対象物）を見逃しやすくなり、また発見してもその後の判断や回避動作がスムーズにいかなくなるからだ。高齢者の場合は、ふだんから体調が万全でない人が多いので、とくにこの点に注意しよう。

　さて、どのくらいの人が体調が悪いまま運転をしているのだろうか。こうしたデータはないが、日本の交通事故統計では、運転中の発作や急病が原因で事故が発生したかどうかを調べている。ただ、こうした事故は年間で300件に満たないほど少ない（図4-14）。現場の警察官にとって、あるいは病院の医師でさえ、この判断は難しく、病気の特定も難しいからだ。しかし、発作や急病が原因の事故は、実際はこの10倍から100倍は発生しているといわれる。

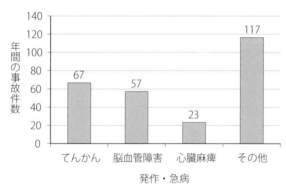

図4-14　発作・急病が原因で発生した1年間の交通事故件数
（2016-2019年の平均）[28]

　図4-14をみると、発作・急病で多いのはてんかんと脳血管障害である。てんかんは、意識が数秒～十数秒ほど途切れたり、意識がなくなり手足が硬くなり、その後ガクガクと全身がけいれんしたりする発作だ[29]。

　2番目に多い脳血管障害は、日本人の死因としてもガン、心臓病、老衰に次いで多い病気で、内訳としては脳梗塞、脳内出血、くも膜下出血などがある。脳梗塞の発作が起きると、手足のしびれや麻痺、ろれつが回らないといった症状が現れ、時間とともにひどくなっていく。また、脳出血が起きると、急に頭痛や吐き気・嘔吐、片側の手足の麻痺などが現れる。麻痺は次第に進行し、それとともに意識が低下して昏睡に至ることもある[30]。

　心臓麻痺の原因は、心筋梗塞、狭心症、不整脈といった心臓の疾患だ。とくに、血液が届かず細胞が壊死してしまう心筋梗塞の発作の場合には、激しい胸痛が起こり、呼吸困難や吐き気などの症状が1時間から数時間続く。

②「体調を整えてから運転する」の実行度

> **ワーク19**　あなたはどのくらい「体調を整えてから運転する」を実行していますか。当てはまる実行度に○をつけてみよう。
> 　5　いつも体調を整えてから運転している。
> 　4　しばしば体調を整えてから運転している。
> 　3　ときどき体調を整えてから運転している。
> 　2　たまに体調を整えてから運転している。
> 　1　ほとんど体調を整えてから運転していない。

　男性も女性も年齢を重ねるに従って「体調を整えてから運転する」頻度が多くなっていき、高齢になると半数の人が「いつも」実行していると回答していた。また、女性のほうが男性より体調を整えてから運転する頻度が高かった（図4-15）。あなたの実行度は、同性の同年代の人と比べてどうだっただろうか。

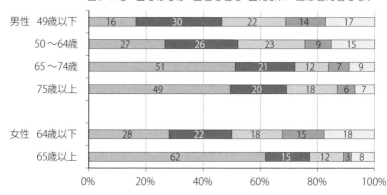

	いつも	しばしば	ときどき	たまに	ほとんどしない
男性　49歳以下	16	30	22	14	17
50〜64歳	27	26	23	9	15
65〜74歳	51	21	12	7	9
75歳以上	49	20	18	6	7
女性　64歳以下	28	22	18	15	18
65歳以上	62	15	12	3	8

図4−15　「体調を整えてから運転する」の男女別・年齢層別の実行度

③ 「体調を整えてから運転する」ための工夫

> **ワーク20**　あなたは「体調を整えてから運転する」ために、どんな工夫や配慮をしていますか。当てはまるものにいくつでも○をつけてみよう。
> 　ア　ふだんから健康に気をつける。
> 　イ　疲れや病気などで体調が悪いときは運転しない。
> 　ウ　車で遠出などをする前の夜は、夜更かしや深酒をしない。
> 　エ　朝の運転前には、食事をとり、薬を飲み、トイレに行く。
> 　オ　運転前には、体をほぐしたり、体を休めたりしてリラックスする。

　アのふだんから健康に気をつけるは、多くの中高年が気にとめていることだ。しかし、早寝早起きといった規則正しい生活、適度な運動、バランスのとれた食生活など、本当に実行している人はそれほど多くない。体調は車の運転に影響するので、ドライバーの体調管理は重要だ。

　イは、体調を整えようとしても、疲れや病気などで体調が整えられないことがあって、そういうときは運転しないという心構えだ。運転だけでなく外出自体もひかえるほうがよい。

ウはふだんの生活でも慎みたい。とくに遠出などをする前夜には厳禁だ。夜更かしで睡眠時間をとれないのは論外であるが、あまり早く床につくとかえって眠れないこともある。ふだんから早寝早起きで適切な睡眠時間を確保している人は、ふだんどおりの就寝と起床でよい。

エとオは運転前の注意点だ。食事や排便や運動などの身体面での運転準備が必要ということだ。それができなかった場合は、運転後なるべく早く、食事やトイレを済まそう。体調は身体に関わることだが、心理面にも注意したい。出発前の夫婦ゲンカなどは、運転中にそれを思い出して運転への注意集中を妨げる。

中高年では急な体調変化が怖い。万一、運転中に体調が悪くなって運転がつらくなったら、いつでも安全な場所に停止することだ。そのためには、停止できる場所やトイレ休憩ができる場所を事前に知っておくとよい。

④ あなたが取り入れたい 「体調を整えてから運転する」ための工夫

> **ワーク21**　アからオの5つの工夫の中で、あなたがこれから採用したいもの、あるいはもっと取り入れていきたいものを1つ選んで○をつけてみよう。次いで、その場面を思い浮かべて具体的にどう工夫するか書いてみよう。

取り入れたい項目：　ア　イ　ウ　エ　オ
具体的な工夫：

⑤ トピック7　運転に危険な病気と老年症候群

　道路交通法では、運転に支障を及ぼす病気にかかっている人に対して、免許を取り消すことができる。想定している病気の代表を以下に示そう。

①幻覚の症状を伴う精神病（統合失調症）

②発作により意識障害または運動障害をもたらす病気（てんかん、脳全体の虚血により一過性の意識障害をもたらす病気、糖尿病による無自覚性の低血糖症）

③躁うつ病

④認知症

⑤重度の眠気の症状を呈する睡眠障害

⑥アルコール中毒

　この中で実際に免許取り消し等が多いのは、てんかん、認知症、統合失調症、および再発性の失神で、全体の80％を占める[31]。

　私たちは健康であっても、こういった病気にいつかかるかわからない。とくに高齢になると、心臓や肝臓などの生理機能の低下が複合して、高齢者特有の健康問題が出現する。こうした高齢者に高頻度に認められる様々な症状は、老年症候群と呼ばれ、多くの人は年齢を10で割った数だけの症状に悩まされている[32]。

　老年症候群を多い順に並べると、認知症、尿失禁、難聴、頻尿、便秘、不眠、うつ、喘鳴、関節痛、発熱、嚥下困難、圧迫骨折、低栄養、咳痰、腰痛、不整脈、麻痺、しびれ、転倒、脱水、食欲不振、視力障害、骨粗しょう症などである。

　読者が70歳なら、このうち7個前後の症状があるはずだ。こういった症状は生活に支障を及ぼすが、運転に悪影響を与えるものも多い。

【2節 | 運転前の準備】

3 車の点検や車内の整頓をする

① 事故統計からみた「車の点検や車内の整頓をする」必要性

　点検を行うのは車を故障なく走行させるためである。車内の整頓は、車内の荷物が運転操作の邪魔になったり、注意を引いてわき見運転のもとになったりするのを防ぐためだ。

　点検整備の不良や整頓不足がどのくらい事故の発生要因となっているかを、事故統計では事故の車両的要因として調べている。車両の構造・装置に不具合があったか、あるいは車内の荷物や同乗者や積荷が事故に影響したかを調べたものだ（表4-1）[33]。

表4-1　車両的要因別事故件数
（2017-2019年の3年間平均）[33]

整備不良	
制動装置不良	207
かじ取り装置不良	14
タイヤ不良	359
車輪不良	13
灯火不良	11
エンジン故障	5
変速機不良・故障	1
燃料、潤滑装置不良	1
フロントガラス等不良	19
ミラーの調整不良・破損・欠落	3
不良改造	1
その他の整備不良	11
状態的不良	
車内の状態	83
積荷の状態	135
灯火の状態	11
その他	127
合計	1,003

まず整備不良についてみると、タイヤの不良と制動装置（ブレーキ）の不良が多かった。タイヤ不良を詳しくみると、雪道での夏タイヤ使用、パンク・バースト、トレッドの摩耗が多かった。

　車内の状態不良で多いのは、車室内の荷物が視界や操作に影響した、同乗者が視界や操作に影響した、ワイパーを作動させなかったり、フロントガラスを拭かなかったりして相手の発見が遅れた、であった。積荷の状態不良では、荷くずれと車外はみだしが多かった。

　統計上では、車両的要因があった事故は年間に約千件で全体の0.3％にすぎない。それだけ車の性能が良くなったということだが、タイヤ不良や積荷の荷くずれなど、ドライバーの不注意が原因となった事故はなくなっていない。

②「車の点検や車内の整頓をする」の実行度

> **ワーク22**　あなたはどのくらい「車の点検や車内の整頓をする」を実行していますか。当てはまる実行度に〇をつけてみよう。
>
> 　5　いつも車の点検や車内の整頓をしている。
> 　4　しばしば車の点検や車内の整頓をしている。
> 　3　ときどき車の点検や車内の整頓をしている。
> 　2　たまに車の点検や車内の整頓をしている。
> 　1　ほとんど車の点検や車内の整頓をしていない。

　実行度の調査結果を図4−16に示す。この調査をしたときは「車の点検や車内の整頓をする」ではなく「車の点検をする」の実行度を聞いたので、男性のほうが女性より実行度が高かった。車内の整頓を付け加えた質問にすれば別の結果が得られたかもしれない。年齢差をみると、高齢者のほうが点検をする人が多かったが、それでも半数の人だけであった。

　車の点検に加えて車内の整頓を入れると、いつもする・しばしばするという実行者の割合は図4−16より低くなるだろう。

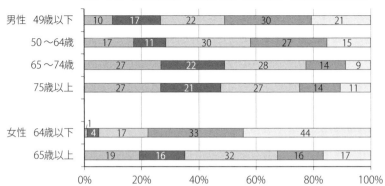

図4-16　「車の点検をする」の男女別・年齢層別の実行度

③「車の点検や車内の整頓をする」ための工夫

> **ワーク23**　あなたは「車の点検や車内の整頓をする」ために、どんな工夫や配慮をしていますか。当てはまるものにいくつでも○をつけてみよう。
>
> ア　ディーラーなどが実施する定期点検を利用する。
> イ　運転前に足回りやガソリンや窓のよごれなどをチェックする。
> ウ　ガソリンスタンドで給油するときに、ボンネットを開けてエンジンオイルやバッテリー液や冷却水の量などをチェックしてもらう。
> エ　運転中にもエンジン音やブレーキの効きなどに注意する。
> オ　車内、とくに運転席の周りに余分なモノを置かない。
> カ　運転した後には車内を掃除する。

アの定期点検は、自家乗用車の場合は1年ごとに行う12か月点検と2年ごとに行う24か月点検がある。24か月点検はディーラーなどが車検と一緒に実施してくれる。定期点検は法定ではあるが罰則はない。しかし、メカに弱い人はこれを利用すると安心だ。

イはユーザーが目視等により行う日常点検である。これはエンジンルー

ム、クルマの周囲、運転席の点検と3つに分かれる[34]。運転席の点検では、ブレーキの具合、ウインドウォッシャーの噴射やワイパーの拭き取りの状態、ミラーの角度、エンジンのかかり具合や異音などを調べる。ボンネットを開けて見るのが面倒な人は、ウのようにガソリンスタンドでお願いする手がある。

エは運転中にも車の調子に気を配るということだ。走行中に異常に気づいたらJAFを呼ぶとか、ガソリンスタンドやディーラーにみてもらおう。

オは車内整頓の基本として、余分なモノを置かないということである。それでは必要なモノとは何かというと、車の説明書や車検証はもちろんのこと、車内をきれいにするカークリーナーや手袋やティッシュ、スマホのチャージャーやホルダー、地図など、ユーザーの好みで様々だろう。重要なことはそれが運転の邪魔にならないことだ。

カの運転後の清掃もふだんから車内をきれいにしておくために必要だ。運転して家に着くとすぐ家に入りたくなるが、そのつど簡単に掃除しておくことを習慣にするとよい。

④ あなたが取り入れたい 「車の点検や車内の整頓をする」ための工夫

> **ワーク24** アからカの6つの工夫の中で、あなたがこれから採用したいもの、あるいはもっと取り入れていきたいものを1つ選んで○をつけてみよう。次いで、その場面を思い浮かべて具体的にどう工夫するか書いてみよう。

取り入れたい項目： ア イ ウ エ オ カ
具体的な工夫：

⑤ トピック8　ためこみ症

　テレビ等のメディアで部屋の片づけやゴミ屋敷などがよく取り上げられている。筆者も「本を捨てて」とよく言われて、生返事でごまかしている。掃除好きな人、部屋をきれいに整頓している人も中にはいるが、多くの人は整理・整頓で悩んでいるはずだ。

　ところで、ゴミ屋敷になるくらいモノをためこむような人には、「ためこみ症」という病名がつけられている。判断基準の1つは、意図した目的で部屋が使われているかどうかだ。モノが多すぎて食卓でごはんが食べられない、寝室でふつうに眠れないなどの場合はためこみ症に該当する。この基準からいうと、車が安全な移動手段として機能している限りは、ためこみ症とはいえない。

　ためこみ症になると、「使ったものを元に戻す」や「落としたら拾う」といったこともできなくなる。これほどまでに車室内に荷物やモノや飾りなどを置いている人はいないと思うが、少しであっても運転操作の邪魔になったり、注意を引いてわき見運転のもとになったり、モノが視界をさえぎったりするおそれがある。

　本書をお読みのドライバーの皆さんの中には、ためこみ症ではないがそれに近い人もいるはずだ。

　①モノの入手：置く場所がないのについ買ってしまう。

　②保有と処分：入手したモノは使わなくても保管し続ける。

　③分類と整頓：モノを分類して整理・整頓することができない。

　こういう人は要注意だ[35]。

4 安全運転をサポートしてくれる同乗者を乗せる

1 事故調査からみた 「安全運転をサポートしてくれる同乗者を乗せる」必要性

　1人で運転するより同乗者がいたほうが事故は起こりにくいだろう。同乗者が信号や歩行者の見落としなどをカバーしてくれることがあるからだ。また、同乗者が女性のほうが男性より事故は少なくなる。ドライバーの性別にかかわらず、同乗者が女性の場合のほうが相手に配慮した慎重な運転をするからだ。ただし、同乗者が2人以上いると逆効果となる。人数が多くなると、運転中にそちらに注意が向きやすいからだ。とくに、ドライバーが若い男性の場合には、仲間である同乗者にカッコ良い運転をみせたがる傾向があり危険性が増す。

　ところで、同乗者の事故防止効果を実証的に調べるには、事故時と通常時の同乗者の年齢・性別や人数を調べる必要がある。しかし、事故時の同乗者は、警察の事故統計では人身被害がない限り調べられていないし、通常時の

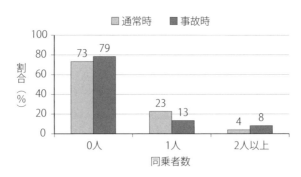

図4−17　同乗者数の事故防止効果
（同乗者が1人の場合に、事故は起きにくい）[36]

同乗者調査も多数の地点で多数の車を観察する必要がある。そこで筆者は、交通事故総合分析センターが事故の詳細調査を実施している茨城県の筑波地区を対象として、そこで詳細調査された事故車両の乗員データとその地域での観察調査によって得られた乗員データを用いて、同乗者の事故防止効果を調べた[36]。その結果が図4−17であり、同乗者が1人の場合に事故が起きにくいことが確かめられた。

② 「安全運転をサポートしてくれる同乗者を乗せる」の実行度

> **ワーク25**　あなたはどのくらい「安全運転をサポートしてくれる同乗者を乗せる」を実行していますか。当てはまる実行度に○をつけてみよう。
> 5　いつも安全運転をサポートしてくれる同乗者を乗せている。
> 4　しばしば安全運転をサポートしてくれる同乗者を乗せている。
> 3　ときどき安全運転をサポートしてくれる同乗者を乗せている。
> 2　たまに安全運転をサポートしてくれる同乗者を乗せている。
> 1　ほとんど安全運転をサポートしてくれる同乗者を乗せていない。

この安全ゆとり運転は高齢者しか調査できなかった（図4−18）。それでも

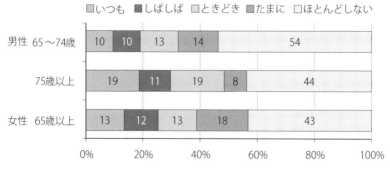

図4−18　「安全運転をサポートしてくれる同乗者を乗せる」の
男女別・年齢層別の実行度

74歳未満の高齢者より75歳以上の高齢者のほうが、実行度が高かった。ただし、他の安全ゆとり項目のどれよりも実行度は低く、同乗者を乗せるのは、「たまに」あるいは「ほとんどない」という人が半数もいた。性差はみられなかった。皆さんの実行度はどうだっただろうか。

③ 「安全運転をサポートしてくれる同乗者を乗せる」ための工夫

> **ワーク26** あなたは「安全運転をサポートしてくれる同乗者を乗せる」ために、どんな工夫や配慮をしていますか。当てはまるものにいくつでも○をつけてみよう。
> ア　配偶者、子ども、友人などとの人間関係を良くしておく。
> イ　配偶者などを用事に誘う。
> ウ　頼りになる人に同乗者となってもらい、安全確認などをお願いしておく。
> エ　同乗者を不安にさせない運転を心がける。
> オ　同乗者とあまりおしゃべりをしない。

同乗者になってもらうには日ごろの人間関係が大事だ（ア）。配偶者を同乗させる機会は多いが、友人などに同乗してもらうには、ふだんから自分も相手の車に同乗していると協力してもらいやすい。

イのように相手にも同乗のメリットを与えると、同乗させてあげるという感じになって、頼みやすいだろう。ただし、誰もが同乗者にふさわしいわけではない。可能なら運転を知っている人、道をよく知っている人、助手席で居眠りをしない人など、頼りになる人に同乗してもらい、あらかじめ安全確認などを頼んでおこう（ウ）。

エのように同乗者を乗せるからには、同乗者を不安にさせない安全運転をしよう。また、同乗者との会話がはずみすぎると、同乗者は運転のサポートより邪魔になってしまうから、適度な会話にしよう（オ）。

④ あなたが取り入れたい「安全運転をサポートしてくれる同乗者を乗せる」ための工夫

> **ワーク27**　アからオの5つの工夫の中で、あなたがこれから採用したいもの、あるいはもっと取り入れていきたいものを1つ選んで○をつけてみよう。次いで、その場面を思い浮かべて具体的にどう工夫するか書いてみよう。

取り入れたい項目：　ア　イ　ウ　エ　オ
具体的な工夫：

⑤ トピック9　同乗者の影響

　同乗者は運転者に対してどういった影響を与えるだろうか。良い影響だけでなく悪い影響もあるだろう。こうした影響を3つの種類に分けて考えてみよう（表4-2）[36、37]。

　同乗者がいるとふつうは安心する（表のA）。運転に不安を持つ高齢ドライ

表4-2　同乗者が運転者に与える影響[36、37]

影響の種類	運転への影響	
	良い影響	悪い影響
心理的	A 安心感 B 規範に合わせて安全運転	a 不快感、気をつかう b 規範に合わせて危険運転 e 乱暴運転等の優勢反応が出現
情報的	C 適切な情報提供と運転補助 D 会話が適度な刺激	c 不適切な情報提供 d 会話による運転時の注意散漫
物理的		f 視野妨害 g 動きが注意をそらす

バーにとっては、同乗者がいるとありがたい。しかし、いやな友人などを乗せて運転することも時にある (a)。こういったときは安心して運転できない。

規範に合わせて安全運転をする (B) というのは、人と一緒にいるときは、自分をよくみせようと、運転マナーの良い運転を心がけることだ。ただし、相手の規範や意向が危険運転を志向している場合 (b) は、それに合わせた危険運転になりかねない。たとえば、若い男性A君が仲間のB君を乗せて運転すると、A君は運転技能を見せびらかすような運転をしかねない。

eの優勢反応が出現というのは、社会心理学でいう社会的促進の例だ。人はある課題の遂行を他の人が見ていたり、ともに行っていたりすると、緊張したり、気合いが入ったりして覚醒水準が上がる。すると、その状況で発生しやすい自然で生得的な行動（優勢反応）が生じやすくなる。同乗者がいると元の自己流運転になってしまうことだ。

Cの「適切な情報提供と運転補助」というのは、本節のテーマのように、同乗者が運転者を支援・補助することだ。ただし、適切なナビができない同乗者だと逆効果だ (c)。

同乗者との会話は、それが適度の刺激になって安全運転に寄与する場合 (D) と会話に夢中になって事故の危険性を増す場合 (d) がある。

同乗者の物理的影響は悪い影響しか与えない。視野妨害 (f) というのは、同乗者が運転者の視野を妨げることだ。動きが注意をそらす (g) というのは、小さな子どもを同乗させて運転する場合によくみられる。子どもにお菓子を与えたり、子どもからお菓子をもらったりする際には、どうしても注意や視線が前方からはずれてしまうのだ。

文献

1）交通事故総合分析センター（2019）．交通統計 平成30年版.

2）松浦常夫（2014）．統計データが語る交通事故防止のヒント．東京法令出版.

3）篠森敬三（2016）．明暗・色彩と交通安全　第1回お年寄りには暗いところは本当に暗い．人と車，52(8)，29-31.

4）岡嶋克典（2012）．高齢者の視覚特性と必要照度．照明学会誌．96(4)，229-232.

5）人間生活工学研究センター（2021）．HQLデータベースセット　高齢者に使いやすい製品とやさしい空間をつくるために——設計のデータ集．https://www.hql.jp/database/wp-content/uploads/koreisya-data.pdf

6）高岸一博・森健二（2001）．気象情報を活用した交通事故統計分析．第4回交通事故調査・分析研究発表会（交通事故総合分析センター），35-42.

7）交通事故総合分析センター（2020）．交通事故統計表データ 01-31GZ102.

8）交通事故総合分析センター（2020）．交通事故統計表データ 01-11BE101.

9）日本自動車タイヤ協会（2021）．冬道走行とタイヤ　早めの準備で雪道・安全走行を！https://www.jatma.or.jp/tyre_user/winterroaddrivingandtyres.html

10）Matsuura, T. (2012). *When does an accident happen during a trip?* ICTTP 2012 Abstrack Book, 56. Groningen, Netherlands.

11）Jovanis, P.P., Wu, K.-F., & Chen, C. (2011). *Hours of service and driver fatigue: Driver characteristics research.* FMCSA-RRR-11-018. U.S. Department of Transportation.

12）国土交通省（2019）．全国都市交通特性調査集計データ　3.クロス集計データ　原単位・手段分担率．https://www.mlit.go.jp/toshi/tosiko/toshi_tosiko_fr_000024.html

13）斉藤良夫（1980）．運転作業の負担と疲労．野沢浩・小木和孝（編），自動車運転労働——労働科学からみた現状と課題（労働科学叢書55，pp. 230-268）．労働科学研究所出版部.

14）May, P.F. (2011). Driver fatigue. In B.E. Porter (Ed.), *Handbook of traffic psychology*. London: Academic Press.

15）井上昌次郎（2006）．眠りを科学する．朝倉書店.

16）松浦常夫・高宮進（2001）．「初めて通行した道路」での交通事故の分析．交通事故例調査・分析報告書（平成12年度報告書）（pp. 23-30）．交通事故総合分析センター.

17）朝倉康夫・羽藤英二（2000）．交通ネットワーク上の経路選択行動——観測と理論．土木学会論文集，660，Ⅳ-49，3-13.

18）西内裕晶・吉井稔雄・倉内慎也・大藤武彦・市川暢之（2018）．新潟都市圏道路網における交通事故発生リスク統合データベースの構築と情報提供によるドライバーの経路選択行動の分析．土木学会論文集D3（土木計画学），74(5)，I_1419-I_1428.

19）交通事故総合分析センター（2018）．衝突被害軽減ブレーキ（AEB装置）の対四輪車追突事故低減効果の分析結果．https://www.npa.go.jp/koutsuu/kikaku/koreiunten/

menkyoseido-bunkakai/3/kakusyu-siryou/4.pdf

20） 国土交通省（2017）．「安全運転サポート車」の普及啓発に関する関係省庁副大臣等会議中間取りまとめ．https://www.mlit.go.jp/common/001180255.pdf

21） 自動車事故対策機構（2021）．ペダル踏み間違い時加速抑制装置．https://www.nasva.go.jp/mamoru/active_safety_search/pedal_stepping_wrong.html

22） Claessens, B.J.C., Van Eerde, W., Rutte, C.G., & Roe, R.A. (2007). A review of the time management literature. *Personnel Review*, 36(2), 255-276.

23） 井邑智哉・髙村真広・岡崎善弘・德永智子（2016）．時間管理尺度の作成と時間管理が心理的ストレス反応に及ぼす影響の検討．心理学研究，87(4)，374-383.

24） 山崎寛享・辛島光彦・齋藤むら子（2003）．意思決定型作業における時間的制約がパフォーマンスに与える影響に関する研究．人間工学，39(3)，123-130.

25） Edland, A., & Svenson, O. (1993). Judgment and decision making under time pressure: Studies and findings. In O. Svenson & A.J. Maule (Eds.), *Time pressure and stress in human judgment and decision making* (pp. 27-40). New York: Plenum Press.

26） Macan, T.H. (1994). Time management: Test of a process model. *Journal of Applied Psychology*, 79, 381-391.

27） Kocher, M.G., Schindler, D., Trautmann, S.T., & Xu, Y. (2019). Risk, time pressure, and selection effects. *Experimental Economics*, 22(1), 216-246.

28） 交通事故総合分析センター（2017-2020）．交通事故統計年報 平成28〜30年版，令和元年版.

29） 国立精神・医療研究センター（2021）．てんかん．https://www.ncnp.go.jp/hospital/patient/disease17.html

30） 日本生活習慣病協会（2021）．脳梗塞，脳出血．http://www.seikatsusyukanbyo.com/guide/cerebral-infarction.php; http://www.seikatsusyukanbyo.com/guide/cerebral-hemorrhage.php

31） 警察庁（2012）．一定の症状を呈する病気等に係る運転免許制度の在り方に関する提言．https://www.npa.go.jp/koutsuu/menkyo4/7/teigen.pdf

32） 飯島勝矢・柴崎孝二（2012）．老化の理解とヘルスプロモーション．東京大学高齢社会総合研究機構（編）東大がつくった確かな未来視点を持つための高齢社会の教科書．ベネッセコーポレーション.

33） 交通事故総合分析センター（2018-2020）．交通事故統計表データ 29-31GZ101, 30-31GZ101, 01-31GZ101.

34） 日本自動車連盟（2021）．日常点検ではどこを見ればよいのでしょうか？ https://jaf.or.jp/common/kuruma-qa/category-inspection/subcategory-everyday/faq205

35） トーリン，D.F.・フロスト，R.O.・スティケティー，G.（著）坂野雄二（監修）五十嵐透子・土屋垣内晶（訳）（2017）．片付けられない自分が気になるあなたへ──ためこみ症のセルフヘルプ・ワークブック．金剛出版.

36）松浦常夫（2003）．自動車事故における同乗者の影響．社会心理学研究, 19(1),
　　1-10.

37）松浦常夫（2014）．統計データが語る交通事故防止のヒント（pp. 41-49）．東京法令出
　　版.

5章

運転時の安全ゆとり運転

ここでは20個の安全ゆとり運転のうち、運転時に行う11項目を取り上げ、その実行を勧める。各項目は4〜5ページからなり、4章と同様の見出しで内容を統一した。

　各項目のところを読むことで皆さんは、その安全ゆとり運転の必要性を理解し、それを実行するための工夫を知ることができる。また、3つのワークをすることで、安全ゆとり運転の必要性を理解するだけでなく、自分の運転を振り返って、安全ゆとり運転を今まで以上に実行するようになると期待される。

　5章で取り上げる11項目の安全ゆとり運転は、速度を出さない運転（4項目）、運転への集中（3項目）、車や人から離れる（4項目）の3つに分けて解説する。

1節　速度を出さない安全ゆとり運転
　　1　制限速度を守って運転する
　　2　以前よりスピードを出さないで運転する
　　3　自分が優先であっても見通しの悪い交差点では徐行する
　　4　しっかり止まって安全を確認する

2節　運転に集中する安全ゆとり運転
　　1　イライラしたり、あせったりしないで運転する
　　2　ながら運転をしない
　　3　わき見をしないで運転する

3節　人や車から離れる安全ゆとり運転
　　1　危ない車や人・自転車には近づかない
　　2　車間距離を十分にとる
　　3　後ろから車が来たら脇によけて先に行かせる
　　4　狭い道で対向車が来たら停止して待つ

【1節 │ 速度を出さない安全ゆとり運転】

1 制限速度を守って運転する

1 事故統計からみた「制限速度を守って運転する」必要性

　交通事故の半数以上は車の速度がそれほど高いところで発生しているわけではない。ドライバーが衝突相手を発見し危険を感じたときの速度を危険認知速度というが、その速度が時速20km以下である事故は、全体の過半数を占める。事故で多い追突や出合頭事故を思い出してもらえばわかるだろう。

　しかし、事故が死亡事故になる率（死亡事故率）は、危険認知速度が10km上がると2倍になる（図5−1）。加齢とともに走行速度は低下していくものの、それでも制限速度を守らない人が多いので気をつけよう。

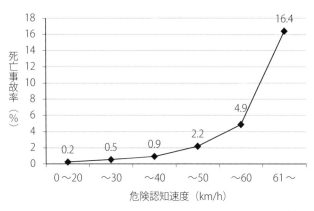

図5−1　危険を認知したときの速度と死亡事故率[1]

2 「制限速度を守って運転する」の実行度

　ワーク28　あなたはどのくらい「制限速度を守って運転する」を実行していますか。当てはまる実行度に○をつけてみよう。

　この安全ゆとり運転も性差と年齢差がみられる。加齢に従って「いつも」制限速度を守って運転する人の割合が増え、65歳以上では半数以上となる。また、どの年齢層でも女性のほうが「いつも」制限速度を守って運転する人の割合が高い（図5-2）。あなたの実行度はどうだったろうか。同性の同年代の人と比べてみよう。

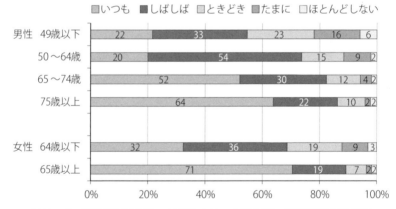

図5-2　「制限速度を守って運転する」の男女別・年齢層別の実行度

③ 「制限速度を守って運転する」ための工夫

　イ　速度標識や標示を見て、制限速度を常に確認する。
　ウ　自分の車の速度を確かめるために、スピード・メーターをときど
　　き見る。
　エ　前の車との車間距離を詰めない。
　オ　後ろの車との車間距離が詰まったら先に行かせる。
　カ　片側2車線以上の道路では走行車線を走る。

　アは、4章2節の運転前の準備1「時間に余裕を持って出発する」で述べ
たように、急いでいるとどうしても速度を出しやすいから、そうならないよ
う時間に余裕を持って出かけようということだ。

　イとウは運転中に自分の車の速度を常に意識することの勧めだ。制限速度
を守れば事故が起きないというわけではないが、速度超過は事故の危険性を
高め、事故になったら死亡事故の可能性を高める。速度感覚はあまりあてに
ならないので、速度標識や標示を見て、制限速度を常に確認し、スピード・
メーターをときどき見よう。

　流れに乗って走ると安全だとよくいわれる。確かにそのとおりであるが、
そうした中でもなるべく速度を落とす工夫をしよう。流れの中で前の車に追
いついても無理に追い越す必要はない、ゆっくりと追従しよう。それがエの
前の車との車間距離を詰めないことだ。もちろん、あまりに前の車が遅い場
合は追い越してもよい。

　オの後ろの車との車間距離が詰まったら先に行かせるのは、自分のペース
で無理なく運転しようということであり、後で説明するあおり運転をされな
いためにも必要だ。

　カも流れに逆らわず、かつ制限速度を守って安全に運転するための工夫
だ。

④ あなたが取り入れたい 「制限速度を守って運転する」ための工夫

> **ワーク30** アからカの6つの工夫の中で、あなたがこれから採用したいもの、あるいはもっと取り入れていきたいものを1つ選んで○をつけてみよう。次いで、その場面を思い浮かべて具体的にどう工夫するか書いてみよう。

取り入れたい項目： ア イ ウ エ オ カ
具体的な工夫：

⑤ トピック10 急ぎ運転してもあまり時間は変わらない

　早く目的地に着こうと急ぎ運転をすると速度を出す運転となってしまう。数字のうえからも、50km先の目的地まで時速50kmで走行すれば1時間で着くが、時速30kmなら1時間運転してもまだ20kmあり、あと40分しないと着かない。

　しかし、実際の道路は他の交通があったり、信号機があったりして、急いで運転してもそれほど早く着けるわけではない。福岡市街とその近郊の12.5kmの区間を、急いで運転した場合と安全第一で運転した場合の所要時間を比較した走行実験がある。実験に参加したのは6人の教習所指導員で、いずれも機敏な運転ができるドライバーであったが、急ぎ運転をした場合と安全運転をした場合の短縮時間は平均で2分45秒しかなかった（図5-3）[2]。

　最近になって同じような実験が行われたが、時間短縮は同様に少なく、11.5kmのコースでは3分25秒、9.8kmのコースでは1分20秒しか短縮され

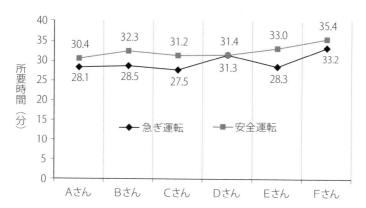

図5-3　急ぎ運転と安全運転の所要時間（12.5km区間）[2]

なかった[3]。

　急ぎ運転は、時間短縮のメリットがそれほどないうえに、速度を上げようとするあまり、安全確認がおろそかになったり、追い越しが増えたり、車間距離が短くなったり、急ブレーキが増えたりしがちとなる。こうした運転は事故の危険性を増す元だ。

　また、事故にならなくても身体的・心理的な負担が増す。身体的負担というのは、危険運転に伴う緊張感によって血圧が上がったり、疲労が増したりすることだ。心理的な負担というのは、急ぐ気持ちそのものに加え、急ぎが阻止される停止時などのイライラ感の増加だ。

　急ぎ運転とならないよう、制限速度を守って運転しよう。

2 以前よりスピードを出さないで運転する

1 事故統計からみた「以前よりスピードを出さないで運転する」必要性

　図5-4は、原付以上運転者が事故を起こしたときの危険認知速度別・年齢層別の死亡事故率を示す。死亡事故率は人身事故に占める死亡事故の割合（％）である。この図より危険を認知したときの速度が高ければ高いほど、年齢が高ければ高いほど死亡事故率も高くなる。危険認知速度は20km高くなるごとに、3〜4倍ほど死亡事故率が増えることから、速度を出すと死亡事故になりやすいのは明らかだ。一方、年齢は20歳年をとっても、せいぜい2倍ほど死亡事故率が増加する程度であるが、それでも高齢になって事故を起こせば若いときより死亡する割合が高くなる。

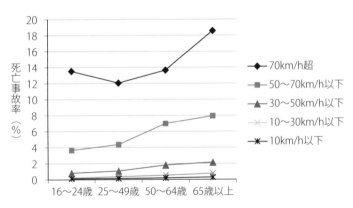

図5-4　危険認知速度別・年齢層別の死亡事故率[4、5]

② 「以前よりスピードを出さないで運転する」の実行度

> **ワーク31**　あなたはどのくらい「以前よりスピードを出さないで運転する」を実行していますか。当てはまる実行度に○をつけてみよう。
>
> 5　いつも以前よりスピードを出さないで運転している。
> 4　しばしば以前よりスピードを出さないで運転している。
> 3　ときどき以前よりスピードを出さないで運転している。
> 2　たまに以前よりスピードを出さないで運転している。
> 1　ほとんど以前よりスピードを出さない運転をしていない。

　この安全ゆとり運転も年齢差が大きい。「いつも」以前よりスピードを出さないで運転する人は非高齢者では3割くらいだが、高齢者ではその2倍ほどいた。性差は少しだけみられ、ここでも女性の実行度のほうが少し高かった（図5-5）。同性の同年代の人と比べて、あなたの実行度はどうだったろうか。

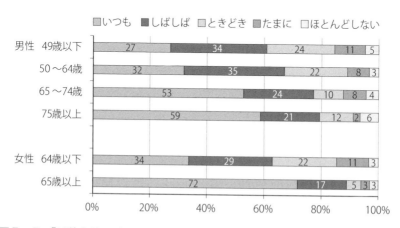

図5-5　「以前よりスピードを出さないで運転する」の男女別・年齢層別の実行度

③ 「以前よりスピードを出さないで運転する」ための工夫

> **ワーク32**　あなたは「以前よりスピードを出さないで運転する」ために、どんな工夫や配慮をしていますか。当てはまるものにいくつでも○をつけてみよう。
> 　ア　制限速度を意識する。
> 　イ　事故や違反のことを考えて運転する。
> 　ウ　運転技能低下や年齢を自覚する。
> 　エ　飛び出しなど、とっさのときでも対応できる速度で運転する。
> 　オ　歩行者や自転車がいるところではとくにスピードをひかえる。

　アの制限速度を意識するというのは、スピードを出せると思っても制限速度を超えないで運転するという工夫である。

　イは、運転中は事故を起こさない、違反で検挙されないことを考えて、スピードを落とした安全ゆとり運転をすることを述べている。ウも加齢や病気によって自分の運転技能が低下していることを自覚して運転すれば、スピードを落とした安全ゆとり運転となることをいっている。

　エは具体的な速度のとり方についてである。状況によって安全な速度は異なるので、出現しそうなハザードを想定して、速度を緩めるという工夫だ。ただし、これができるためには認知・判断の衰えがないことが前提となる。

　オは歩行者や自転車が見えるときの危険や死角に隠れた危険のことをいっている。こういった状況ではスピードを出さない運転が鉄則だ。

④ あなたが取り入れたい　「以前よりスピードを出さないで運転する」ための工夫

> **ワーク33**　アからオの5つの工夫の中で、あなたがこれから採用したいもの、あるいはもっと取り入れていきたいものを1つ選んで○をつけ

てみよう。次いで、その場面を思い浮かべて具体的にどう工夫するか書いてみよう。

取り入れたい項目：　ア　イ　ウ　エ　オ

具体的な工夫：

---

⑤　トピック11　速度を出してしまう理由

　だいぶ以前の話だが、免許停止処分者講習の場で処分のもととなった交通違反をした理由について調べたことがある[6]。表5-1はその中で速度違反をした人の結果である。「道路が空いている・広い」や「まわりの車の流れに沿って走る」といった道路交通環境的要因をあげる人が一番多く、次いで「仕事や通勤や用事で急いでいる」や「ノロノロの前車を追い越す」といった対人的・社会的理由が多かった。個人の感情や体調に起因する速度違反はそれよりも少なかった。

　こうした速度違反理由は、常習違反者だけでなく一般のドライバーにも当

表5-1　速度違反の理由[6]

速度違反の理由	回答者数
道路環境的理由（n=137）	
道路が空いている・広い	81
まわりの車の流れに沿って走る	21
対人的・社会的理由（n=101）	
仕事や通勤や用事で急いでいる	76
ノロノロの前車を追い越す	10
個人的理由（n=43）	
ムシャクシャした気分	16
酒気を帯びている	7
疲れや眠気などで気が緩んでいる	7

てはまるだろう。しかし、イギリスの調査によれば、違反頻度はもちろん、違反理由が常習違反者と一般ドライバーで少し異なった[7]。道路交通環境的要因で速度違反をしてしまうのは両者ともに差がなかったが、対人的・社会的理由は少しだけ、違反が多いグループに多く、「速度を出すのは悪くない、楽しい、捕まらない」といったように、速度超過を肯定して速度を出すのは違反が多いグループに多かった。一方、無意識のうちに速度を出してしまうのは違反が少ないグループに多かった。

【1節 | 速度を出さない安全ゆとり運転】

3 自分が優先であっても見通しの悪い交差点では徐行する

① 事故事例からみた「自分が優先であっても見通しの悪い交差点では徐行する」必要性

〔事例3〕一時停止を無視した車との出合頭事故

　4月の雨の降る夜9時ころ、69歳男性Dさんは、助手席に妻を乗せて1車線道路を時速55kmの高速で運転し、橋を渡ったすぐ先の交差点にさしかかった。ここは交差する相手方に一時停止規制がかかった交差点であるが、暗いうえに欄干があって見通しは悪かった。しかしDさんは減速することもなく、交差道路から車がやって来ることが今までなかったことや、来ても相手が止まってくれると思って、進路前方を漫然と見ながら交差点に進入した。

　一方、Dさんから見て左方から乗用車を1人で運転していた63歳男性のEさんは、仕事でクレーム処理をして帰宅する途中で、そのことを考えながら帰宅を急いでいた。そのため、徐行しただけで一時停止をせずに交差点に進入してしまい、Dさんの車に出合頭に衝突した。

　この事故は一時停止を怠ったEさんの過失のほうが大きい事故である。しかし、Dさんも、自分のほうが優先であるという意識を持たずに、左右から一時停止を無視してやって来る車や自転車があるかもしれないと思って、徐行あるいは減速して交差点に入るべきであった。

② 「自分が優先であっても 見通しの悪い交差点では徐行する」の実行度

> **ワーク34** あなたはどのくらい「自分が優先であっても見通しの悪い交差点では徐行する」を実行していますか。当てはまる実行度に○をつけてみよう。
>
> 5 いつも自分が優先であっても見通しの悪い交差点では徐行している。
>
> 4 しばしば自分が優先であっても見通しの悪い交差点では徐行している。
>
> 3 ときどき自分が優先であっても見通しの悪い交差点では徐行している。
>
> 2 たまに自分が優先であっても見通しの悪い交差点では徐行している。
>
> 1 ほとんど自分が優先であっても見通しの悪い交差点では徐行していない。

この安全ゆとり運転項目は高齢者しか調査できなかったが、男性では3分

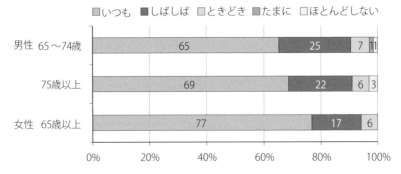

図5-6 「自分が優先であっても見通しの悪い交差点では徐行する」の
男女別・年齢層別の実行度

の2、女性では4分の3がいつも実践しているという回答であった。しかし、徐行をどう捉えているかは個人ごとに異なるようだ。さて、あなたの実行度はどうであっただろうか。

3 「自分が優先であっても 見通しの悪い交差点では徐行する」ための工夫

> ワーク35　あなたは「自分が優先であっても見通しの悪い交差点では徐行する」ために、どんな工夫や配慮をしていますか。当てはまるものにいくつでも○をつけてみよう。
> ア　生活道路ではどこでも速度をひかえて運転する。
> イ　生活道路では交差道路や路地を見逃さない。
> ウ　車や人が飛び出してくるかもしれないと危険を予測する。
> エ　すぐに止まれる速度で交差点に進入する。
> オ　時には一時停止をして左右を確認する。

ここで念頭に置いている徐行する安全ゆとり運転は、主として生活道路での交差点通過時の運転である。生活道路では交差する路地や道路が多く、ある場所では一時停止規制がかかっていて、別の場所では自分が優先であるという場合が多い。

まずはアに示したように、どこでも速度をひかえて運転することだ。そのうえで交差道路や路地にとくに注意しよう（イ）。

次いで、ウのようにそこから人や車が飛び出してくるかもしれないと思って進行しよう。これは危険予測運転の1つであり、後述のように「かもしれない」運転と呼ぶ人もいる。

こちらが優先でも交差点では速度を落とし、ブレーキに足を載せたり、カーブミラーを見たり、左右から車や自転車や歩行者が来るかもしれないと予測して運転する人は多い。しかし、徐行というのはエに示したようにすぐに止まれる速度で運転することである。左右からの交通に注意しつつ、実際

に人や車の飛び出しがあったときに対応できるように、交差点に進入しよう。

　非常に見通しが悪かったり、カーブミラーに左右から来る人や車を発見したりした場合には、自分が優先であっても、オのように一時停止して左右を確認するとよい。

④ あなたが取り入れたい「自分が優先であっても 見通しの悪い交差点では徐行する」ための工夫

> **ワーク36**　アからオの5つの工夫の中で、あなたがこれから採用したいもの、あるいはもっと取り入れていきたいものを1つ選んで○をつけてみよう。次いで、その場面を思い浮かべて具体的にどう工夫するか書いてみよう。

取り入れたい項目：　ア　イ　ウ　エ　オ
具体的な工夫：

⑤ トピック12　予期

　自分が優先であっても見通しの悪い交差点で徐行するのは、左右から車が来たり、自転車や歩行者が飛び出してくるかもしれないからだ。したがって、速度を十分に落とすだけでなく、飛び出し等に備えた心づもりと構えが必要だ。危ないなと思ったら一時停止することも必要だ。

　この心づもりは心理学では予期と呼ばれる。注意を向けるべき対象の出現や変化にあらかじめ気をつけながら待ち構える心理だ。心理学では視野内に○や□などの刺激を示し、それが出現したら素早く反応キーを押すという反

図5-7　運転時の予期（危険予測、かもしれない運転）[8]
前方に交差点が見え、左右から人や車が飛び出してくるかもしれないと予期して徐行する場面。

応時間の測定が行われるが、あらかじめ示される場所のヒントを与えると、反応時間が短くなることが知られている（先行手がかり法による空間的注意の実験）[9]。

　運転においても、ハザード（危険源）の出現を予測して運転することは、危険予測という名前で推奨されている。危険を予測して運転すれば、ハザードが出現してもいち早くそれに対処できるからだ。危険予測運転は、俗に「かもしれない運転」とも呼ばれる。これは単に危険を予測するだけではなく、自分に最も都合の悪い予測を立てて、それに対応する運転をするといったニュアンスがある（図5-7参照）。

　単に危険を予測することは運転経験によって身につくが、経験だけをあてにすると「いつも車は来ないから」「一方通行だから」「相手が止まるから」大丈夫だろうという「だろう運転」になりかねない。「かもしれない運転」をするためには、知識や経験だけでなく、安全運転に徹するという運転態度が必要だ。

4 しっかり止まって安全を確認する

1 事故統計からみた 「しっかり止まって安全を確認する」 必要性

　一時停止規制のある交差点で出合頭事故を起こさないためには、「止まる」とその後の「安全確認」の2つが必要だ。この2つのうち、どちらを怠った事故のほうが多いだろうか。一時停止規制のかかった交差点で出合頭事故を起こしたドライバーの違反名を調べると、一時不停止が38％、安全不確認が41％とほぼ同じくらいで、次いで交差点安全進行が12％であった[10]。これにより、出合頭事故のほとんどは、止まらなかったか、止まっても安全を確認しなかったために発生していることがわかる。

　ところで、ドライバーの違反行動の違いによって優先側の交差道路を走行してきた相手の車種が異なっていた（図5-8）[10]。止まらなかった場合は四輪車との事故が4分の3を占め多かったが、安全を確認しなかった場合は自転

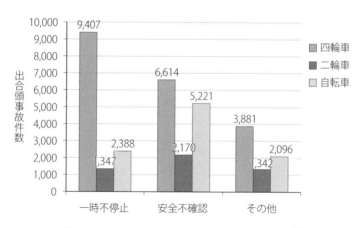

図5-8　出合頭事故の四輪車の違反と相手車種[10]

車や二輪車との衝突のほうが四輪車との衝突より多かった。安全確認が不十分だと、車体が小さい自転車や二輪車を見逃しやすいようだ。

② 「しっかり止まって安全を確認する」の実行度

> **ワーク37**　あなたはどのくらいしっかり止まって安全を確認していますか。当てはまる実行度に○をつけてみよう。
> 5　いつもしっかり止まって安全を確認している。
> 4　しばしばしっかり止まって安全を確認している。
> 3　ときどきしっかり止まって安全を確認している。
> 2　たまにしっかり止まって安全を確認している。
> 1　ほとんどしっかり止まって安全を確認していない。

この安全ゆとり運転の実行度は運転の基本だけあって高かった。非高齢者は高齢者より少なかったが、それでもいつも実行しているという人は半数以上で、高齢者では4分の3以上もいた。男女の差はみられなかった。同年代の人と比べてあなたの実行度はどうだっただろうか。

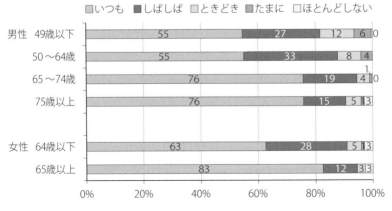

図5－9　「しっかり止まって安全を確認する」の男女別・年齢層別の実行度

③ 「しっかり止まって安全を確認する」ための工夫

ワーク38 あなたは「しっかり止まって安全を確認する」ために、どんな工夫や配慮をしていますか。当てはまるものにいくつでも○をつけてみよう。

ア　速度を出したり、急いだりして運転しない。

イ　交差点があることを予測して運転する。

ウ　交差点に近づいたら減速する。

エ　一時停止標識や止まれの路面標示を見逃さない。

オ　一時停止規制のかかった場所では、停止線の手前で必ず止まる。

カ　見通しの悪いところでは、停止線からゆっくり発進し、見えるところで再び停止する（二段階停止する）。

キ　停止した後は、ひと呼吸おいて、左右を確認する。

ク　左右は1回だけでなく、繰り返し見る。

ケ　安全を確認するときは、首をよく動かして見る。

コ　「右よし、左よし」といったように、声に出して確認する。

サ　車だけでなく、自転車や歩行者にも注意する。

しっかり止まって安全を確認する場所の代表は、一時停止標識のある交差点である。こういった交差点でしっかり止まって安全を確認するためには、配慮すべき点がいくつもある。アからエはこうした運転戦略をとる前にすべき運転の仕方だ。多くの出合頭事故を分析してみると、そもそも交差点があったことを認識していなかったり、自分の側に一時停止規制がかかっていることを知らなかったりして事故を起こすケースが何例もある。

しっかり止まって安全を確認するには、「止まる」と「安全確認」の2つがともに行われる必要がある。オとカはどこで止まるのかについての配慮だ。多くのドライバーは停止線を越えてから止まるが、まず停止線の直前で止まるよう習慣づけたい。

キからサは、効果的な「安全確認」の方法だ。高齢になると左方向への確認がおろそかになったり、首がよく回らなくなったりしがちである。ゆっくりと時間をかけて左右の安全を確認しよう。

④　あなたが取り入れたい 「しっかり止まって安全を確認する」ための工夫

> **ワーク39**　アからサの11の工夫の中で、あなたがこれから採用したいもの、あるいはもっと取り入れていきたいものを1つ選んで○をつけてみよう。次いで、その場面を思い浮かべて具体的にどう工夫するか書いてみよう。

取り入れたい項目：　ア　イ　ウ　エ　オ　カ　キ　ク　ケ　コ　サ
具体的な工夫：

⑤　トピック13　信号のない交差点での出合頭事故のパターン

　信号機のない交差点での出合頭事故121件を対象に、認知と判断の誤りに基づいて、事故をいくつかのパターンに分類すると図5-10のようになった[11]。「交差点見落とし」型というのは、交差点であることを認知しないまま交差点に進入して事故にあったというパターンで、全体の13%が該当した。「一時停止見落とし」型というのは、交差点は認知したものの一時停止標識があることや非優先道路であることを見落としたというパターンだ。この2つのパターンでは皆、一時停止をしなかったはずだ。

　「安全不確認・見越し運転」型は、前方に交差点があり、自分が非優先側の運転者であることを知りつつも、交通が閑散としていたとか、いつも左右

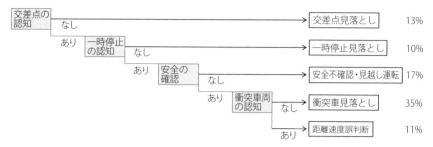

**図5−10 無信号交差点での非優先側運転者の認知・判断からみた
出合頭事故のパターン**[11]

から来る車はいないといった理由から、交差車両はいないと見越して左右の
安全確認をしないまま交差点に進入したパターンだ。このパターンは安全不
確認であり、一時停止する人も少ない。

「衝突車見落とし」型というのは、交差点で自分が非優先側の運転者であ
ると認めて、左右の安全も確認したつもりであったのに、確認が不十分で
あったり、他のほうに注意が向いていて衝突車両を発見できないまま衝突し
たり、発見したときにはすでに回避不能であったという事故で、最も多いパ
ターンだった。最後に「距離速度誤判断」型は、相手車両を発見したが先に
通過できると誤って判断したものだ。最後の2パターンでは、一時停止した
人もいたが、衝突車を見落としたり、距離速度を誤って判断したりしたこと
から、十分な一時停止ではなかった可能性が高い。

【2節 | 運転に集中する安全ゆとり運転】

① イライラしたり、あせったりしないで運転する

① 事故事例からみた「イライラしたり、あせったりしないで運転する」必要性

〔事例4〕あせっての右直事故

　8月の午後、小雨の降る中を67歳無職男性のFさんは、妻が入院している病院に見舞いに行く途中、往復6車線の交差点を右折するために前車に続いて信号停止した。信号が青になっても前の車がなかなか発進しないため、その右側を右折しようと発進したところ、対向車線を直進してきたGさんの乗用車が前車の陰から現れて衝突した。

　21歳男性のGさんは、買物のため上記道路を時速60kmで走行中、右折待ちの停止車両を認めたが、そのまま進行した。交差点に入ったとき、急に2台目の車が右折してきたため急ブレーキをかけたが間に合わずに右側面を衝突された。

　Fさんは妻が入院している病院へ急ぐあまり、右折するときに前車が停止して待っていたにもかかわらず、対向直進車が来ることも考えずに右折してしまい事故を起こした。平常時だったら対向直進車の通過を待ち、前車に続いて右折したはずであるが、病院へ早く行こうというあせりの気持ちが事故をもたらした。

② 「イライラしたり、あせったりしないで運転する」の実行度

　ワーク40　あなたはどのくらい「イライラしたり、あせったりしないで運転する」を実行していますか。当てはまる実行度に○をつけてみ

よう。

　この安全ゆとり運転も年齢差が大きく、若いうちはイライラ運転やあせり運転をする人が多いが、高齢になるとそういった運転をしない人のほうが多くなる。男女差はあまりみられなかった。同年代の人と比べて、あなたの実行度はどうだっただろうか。

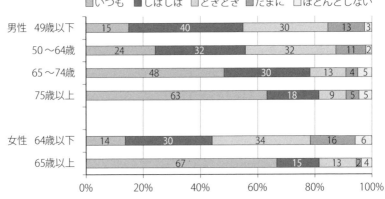

図5-11　「イライラしたり、あせったりしないで運転する」の
男女別・年齢層別の実行度

③　「イライラしたり、あせったりしないで運転する」ための工夫

　ワーク41　あなたは「イライラしたり、あせったりしないで運転する」ために、どんな工夫や配慮をしていますか。当てはまる実行度にいくつでも○をつけてみよう。

> ア　日ごろからストレスを溜めない。
> イ　イライラしているときは運転をしないようにする。
> ウ　時間や心にゆとりを持って運転を開始する。
> エ　運転中は落ち着いて運転する。
> オ　交通違反やミスをする人はどこにでもいるものだと考える。
> カ　自分が交通違反やミスをして、相手をイライラさせないようにする。

　運転中のイライラやあせりの多くは、他の人や車の振る舞い、あるいは渋滞などの道路交通環境によって生じるが、運転前のストレスが尾を引く場合もある。そのため、日ごろからストレスを溜めない生活を送ることが重要だ（ア）。

　それでもいつでもストレスがないということはない。イライラなどして心が不安定なときは、それがある程度収まってから運転を開始しよう（イ）。

　ウは、運転を開始するときの時間と心の余裕に関するもので、4章2節の運転前の準備のところでも述べた。余裕のない状態で運転すると、運転が乱暴になって、いつ事故を起こしたり、巻き込まれたりするかわからない。そのおそれを少しでも減らすための工夫だ。

　運転中も余裕とそこから生じる落ち着きが大切だ（エ）。イライラしたときは、ひと呼吸して気持ちを落ち着かせよう。音楽やラジオを聞いてリラックスするのもよいだろう。しかし、そういった運転をしていても、他の車が割り込みをするなど安全を脅かす交通違反や運転ミスを起こすと、誰でも怒りを感じるものだ。それでも、事前に相手の動きを察知したり、オのように違反などは誰でもするものだと日ごろから考えておけば、怒りの度合いも減るだろう。

　カは相手の乱暴な運転を誘ってイライラしないように、自分の運転を正すことだ。

④ あなたが取り入れたい 「イライラしたり、あせったりしないで運転する」ための工夫

> **ワーク42** アからカの6つの工夫の中で、あなたがこれから採用したいもの、あるいはもっと取り入れていきたいものを1つ選んで○をつけてみよう。次いで、その場面を思い浮かべて具体的にどう工夫するか書いてみよう。

取り入れたい項目： ア イ ウ エ オ カ
具体的な工夫：

⑤ トピック14 運転中の怒り

1. 運転中に怒りが生じやすい背景

　運転時のストレスに伴う感情には、怒り、あせり、不安、恐怖がある。イライラするのは怒りの1つである。この中では、怒りとそれに伴う攻撃的運転についての研究が一番多く行われてきた。

　まず、運転中に怒りが生じやすい4つの背景について考えてみよう。1つは個室性だ。1人で運転していると個室にいるかのような感覚にとらわれる。そこに他の車から割り込みやあおり運転をされたりすると、自分のゆったりとしたペースが狂わされて、怒りの感情が生じかねない。

　2つ目は匿名性だ。運転場面では、家の近所での運転でもない限り、相手は自分のことを知らない。こうした場面では、ふだんより感情が抑制されず、怒りの感情が行動となって出やすくなる。

　3つ目は生理的興奮だ。運転のような高速移動下では、脈拍数が増えたり、

血圧が上昇したりと生理的に興奮しやすくなる。興奮は感情を増幅させやすく、車の運転でもちょっとした怒りが増幅されやすくなる。

最後はコミュニケーションのとりにくさだ。運転場面では言葉が使えず、進路変更や右左折を示すウインカーや注意を促すクラクション、あるいは車の動きといったツールしかない。こうした場面では、相手の行動が攻撃的な意図を持っていなかったとしても、それを攻撃と誤解しやすい。

2. 運転者に怒りを生じさせる交通状況

運転者に怒りを生じさせる交通状況についてまとめてみよう。怒り運転尺度によると、1. 無作法、2. 交通障害、3. 敵意のある振る舞い、4. ゆっくり運転、5. 警察官圧力、6. 法規無視運転の6つの状況で怒りが生じやすい[12]。

無作法というのは、他の車が後ろをぴったりと付いてくる、夜間にライトを上向きに対向車がやってくる、前の車がウインカーを出さないで進路変更するなど、自分に関係する相手の車の交通ルール違反やマナー違反運転をいう。法規無視運転も、他の車が信号無視をしている、速度制限を大幅に超えた運転をしている、といった相手の交通ルール違反をいう。無作法と異なるのは、自分がその運転によって迷惑をこうむらない点だ。

交通障害は、タバコや排気ガスの煙をまきちらして運転している車が前にいる、交通渋滞にはまる、工事などで車線が少なくなったりして待たされる、自転車や違法駐車車両が多くて走りにくい、といったスムーズな走行を妨げる交通上の障害をいう。

ゆっくり運転は、道路の真ん中をノロノロと脇によけないで運転して後続車を先に行かせない、流れに反して非常にゆっくりと運転するといった運転で、相手にはたぶん悪意はないが、後続車にあせりを誘う。事例4のFさんも前の車が故意にゆっくり右折待ちしていると考えたのだろう。

警察官圧力とは、警察官がいたために速度を落として運転する、パトカーが隠れて取り締まりをしているのを見つける、といった警察官による取り締まりに対する怒りだ。ふつうの人は、こうした取り締まりに自分があうのはいやであるが、取り締まり警察官がいるのを見て怒る人は少ないだろう。

2 ながら運転をしない

① 事故統計からみた「ながら運転をしない」必要性

　ながら運転とは、車内の人やモノなどを、見たり、聞いたり、操作したりしながら運転することだ。図5－12のポスターは2020年の交通安全年間スローガンで内閣総理大臣賞となった「スマホより横断歩道の僕を見て」のポスターデザイン入賞作で、スマホ操作をしながらの運転の危険性を訴えている[13]。

　事故統計では、発見の遅れの中の前方不注意に、ながら運転が入っている。具体的に、事故要因として計上されたながら運転をみてみよう（図5－13）[14]。なお、ここには居眠りや考え事は入れていない。また、一時的な「物を落とした、取ろうとした」も入れていない。

　図5－13より、テレビやナビや携帯などの視聴・操作によるながら運転事故が3000件を超え一番多かった。同乗者のほうを見たり、話をしたりするながら運転事故も同様に多かった。ながら運転の中でも、「操作していたり」

図5－12　「スマホより横断歩道の僕を見て」
（2020年使用交通安全ポスターデザイン）[13]

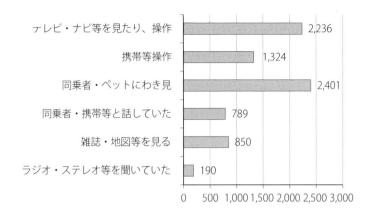

図5－13　ながら運転の種類と事故件数[14]

「見たり」しながらのほうが、「聞いたり」しながらより事故が多いのは、注意がもっと逸れやすいからである。

　年齢層別に比較すると、若者は操作による事故の割合が高く、中年は地図等を見るが多く、高齢者はラジオ等を聞いていたり、同乗者と雑談等をしていたりしたときの事故が多かった[14]。高齢者は若者に比べると携帯やテレビ等の操作による事故は少ないが、そうした操作を若者よりしないためであり、危険性が少ないためではない。

② 「ながら運転をしない」の実行度

> **ワーク43**　あなたはどのくらい「ながら運転をしない」を実行していますか。当てはまる実行度に○をつけてみよう。
> 　5　いつもながら運転をしない運転をしている。
> 　4　しばしばながら運転をしない運転をしている。
> 　3　ときどきながら運転をしない運転をしている。
> 　2　たまにながら運転をしない運転をしている。
> 　1　ほとんどながら運転をしない運転をしていない。

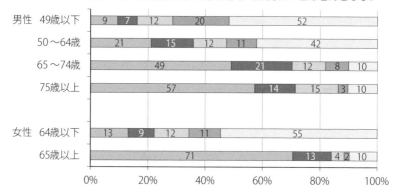

図5-14 「ながら運転をしない」の男女別・年齢層別の実行度

この「ながら運転をしない」という安全ゆとり運転も、若いうちは守らない人が多いが、高齢になるとぐんと増えてくる。とくに高齢女性は、テレビやナビの操作をしたり、地図を見たりするのが苦手なこともあって、ながら運転をしない人が多かった（図5-14）。同年代、同性の人と比べてあなたの実行度はどうだっただろうか。

③ 「ながら運転をしない」ための工夫

ワーク44 あなたは「ながら運転をしない」ために、どんな工夫や配慮をしていますか。当てはまるものにいくつでも○をつけてみよう。

ア　運転する前にメール等のチェックや電話連絡を済ませておく。

イ　運転するときは、スマホの電源を切るか着信マナーモードにしておく。

ウ　メールや電話での連絡は、広い場所や駐車場などに車を停めてから行う。

エ　ラジオや音楽を聞くときは、音量を小さくし、聞き流せるものにする。

オ　同乗者と話すときは、相手の顔を見ないで話す。

アのように運転中のスマホによる通話やメールチェックを防ぐためには、それを済ませておくか、イのようにスマホの電源を切っておくに限る。

着信マナーモードも運転中の注意を引くので望ましいことではないが、場合によってはそうする必要もある。ただし、それを聞いて電話に出たりしてはいけない。ウに示すように、メールや電話での連絡は、道路外の安全な場所に車を停めてから行おう。

ラジオや音楽はリラックス効果や眠いときなどは覚醒効果があるので、一概に否定するものではない。道路交通情報を得るためにも必要だ。しかし、エに示すように夢中になるようなものや大音量での聴取はひかえよう。

運転中は同乗者と話をすることがふつうだ。その場合も、わき見運転にならないように同乗者のほうを見ないで運転しよう（オ）。

④ あなたが取り入れたい「ながら運転をしない」ための工夫

ワーク45　アからオの5つの工夫の中で、あなたがこれから採用したいもの、あるいはもっと取り入れていきたいものを1つ選んで○をつけてみよう。次いで、その場面を思い浮かべて具体的にどう工夫するか書いてみよう。

取り入れたい項目：　ア　イ　ウ　エ　オ

具体的な工夫：

⑤ トピック15　分割的注意

注意には予期・期待、選択的注意、分割的注意、集中的注意の4つの働きがある[15]。運転では、車を操作しながら、危険性が高い場所ではあらかじめ

そちらに視線を向け（危険の予測・予期）、実際に衝突相手となりうる車や人を発見したらそちらに視線を向け（選択的注意）、ハザードと呼ばれる危険対象がいくつか存在する場合には、そのいずれにも目を配り（分割的注意）、そういった危険個所が過ぎれば次の危険個所に向けて運転に意識を集中していく（集中的注意）。

　ながら運転は、運転中の分割的注意に関わるテーマだ。運転中は様々な対象に目を配って運転しているので、いつも分割的注意をしているといえる。しかし、音楽を聞いたり、スマホで会話したりしながら運転するのは、注意対象をさらに増やし、分割的注意を忙しく、難しくする行為である。

　分割的注意の機能は、同時に複数の作業を行う際に、それらの作業に優先順位をつけ、優先順位の高い作業が確実に遂行されるよう情報を処理することだ。ながら運転が危険な理由は、優先すべき道路やその周辺への注意が妨げられたり、視線が向けられていても機器や相手のほうに気を取られて、道路上の信号や他車などのハザードが「見れども見えず」あるいは「心そこにあらず」の状態になったりするからである。

　高齢者はながら運転をすることは若い人に比べて少ないが、注意を複数の作業に対して適切に配分する分割的注意の能力は、他の認知機能と同様、加齢に伴って徐々に低下するので、ながら運転は禁物だ[16]。ただし、同乗者との会話は、運転への負担が少ないし、気分転換になる。運転前の準備（4章2節の④）でも取り上げたが、交通状況を考えて会話をするような同乗者ならかえって運転にプラスとなる。

【2節 | 運転に集中する安全ゆとり運転】

3 わき見をしないで運転する

1 事故統計からみた「わき見をしないで運転する」必要性

　わき見は、事故統計では外在的前方不注意と呼ばれ、発見の遅れをもたらす運転者の事故要因の1つである。「ながら運転」もわき見を招くが、スマホの使用やテレビ・ラジオ・ナビなどの操作・聴取といった車内のモノや人に関わる運転であった。ここでは車の外に見える景色、店、人、他の車などへのわき見について考える。

　図5-15は事故統計からみた車外のわき見運転の種類と事故件数を示す。景色に見とれるのは、わき見の代表で一番多かった。次に多かった他の車や歩行者、道や案内標識、ミラーへのわき見は、わき見というより必要な視覚情報の摂取である。そうであっても、結果的に視線の外にあった車などと衝突してしまったのだから、視覚情報の取り方に問題があったと考えられる。他の車や標識などを見ることも重要だが、長く見すぎたり、見るタイミング

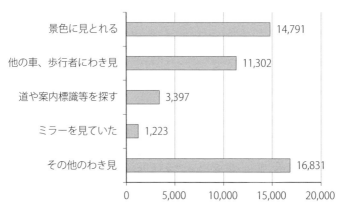

図5-15　わき見運転の種類とその事故件数[14]

が悪かったりすると、肝心の対象を見逃してわき見となってしまうのだ。

② 「わき見をしないで運転する」の実行度

> **ワーク46** あなたはどのくらい「わき見をしないで運転する」を実行していますか。当てはまる実行度に○をつけてみよう。
> 5　いつもわき見をしないで運転している。
> 4　しばしばわき見をしないで運転している。
> 3　ときどきわき見をしないで運転している。
> 2　たまにわき見をしないで運転している。
> 1　ほとんどわき見をしないで運転していない。

　この安全ゆとり運転も年齢差が大きい。「いつも」わき見をしないで運転するという人は非高齢者では2割ほどだが、高齢者になると半数以上となる。男女差はみられなかった（図5–16）。同年代の人と比べてあなたの実行度はどうだっただろうか。

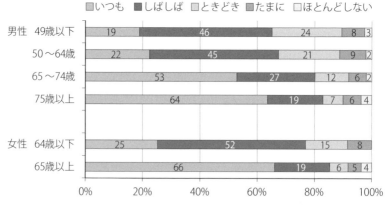

図5–16　「わき見をしないで運転する」の男女別・年齢層別の実行度

③ 「わき見をしないで運転する」ための工夫

ワーク47　あなたは「わき見をしないで運転する」ために、どんな工夫や配慮をしていますか。当てはまるものにいくつでも○をつけてみよう。

　ア　前方以外に視線を向けても、その後すぐに視線を前方に戻す。
　イ　安全運転に関係する道路交通情報を収集することに注意を集中する。
　ウ　安全運転に関係ないものは、チラッと見るにとどめる。
　エ　注意すべき対象（他車の動向や信号・標識など）がいくつかあるときは、1つの対象を長く見ないで、すぐに他の対象に注意を向ける。

　安全運転をするには、前ばかりでなく、左右や後ろの情報を収集することが必要だ。しかし、基本は進路にあたる前方への情報収集である。視線をすぐに前方に移すように心がけていれば、沿道の店や人などへのわき見が減るだろう（ア）。

　イとウは視線の先の何に注意すべきかについて述べたもので、もちろん注意すべきは道路や交通の情報である。運転していると興味のある店や人や景色などに目が行きやすいが、ちらりと見る程度にとどめよう。

　道路や交通の情報であっても、注意を配分すべき対象がいくつかあるときは、1つの対象だけを注視しないで他の対象にも注意を分割しよう（エ）。他の車を見ていたら、前の車と追突してしまったという事故は多い。ただし、注意配分能力は高齢になると衰えていく。複雑な交通環境下での運転をひかえたり、速度を抑えて運転するといった他の安全ゆとり運転を採用するしか方法はなさそうだ。

④ あなたが取り入れたい 「わき見をしないで運転する」ための工夫

> **ワーク48** アからエの4つ工夫の中で、あなたがこれから採用したいもの、あるいはもっと取り入れていきたいものを1つ選んで〇をつけてみよう。次いで、その場面を思い浮かべて具体的にどう工夫するか書いてみよう。

取り入れたい項目： ア　イ　ウ　エ
具体的な工夫：

⑤ トピック16　ボトムアップ処理とトップダウン処理

　沿道のおしゃれな店や広告、あるいは道ゆく人や眼下に広がる風景など、運転に関係ないものを見ながら運転することは多い。これは運転の楽しみの1つだ。このとき、どうしてその対象をわき見したかを人の情報処理の観点からみると、データ駆動型処理（ボトムアップ処理）と概念駆動型処理（トップダウン処理）の2つがある。

　対象が明るかったり、動いていたり、大きかったり、意外なものだったりすると、その対象は目立ち、自然に、反射的に目が向いてしまうが、それがボトムアップ処理による注意喚起だ。一方、信号や標識などを見るときは、あらかじめそれが位置していそうなところに視線を向けて情報を得ようとする（予期）。また、店を探しているときにはそれらしい店に注意を向けて運転する。こういった、持っている知識をもとに情報を処理していく仕組みがトップダウン処理だ。

図5-17　わき見運転は事故のもと[18]

　事故時のわき見運転で一番多いのは、景色に見とれるであったが、景色の中には風景以外に店や広告なども含まれる。広告では点滅したり、動画であったり、カーブで運転席からまっすぐ先に見えたりするものが、目立ってわき見をしやすい。また広告の内容がセンセーショナルなものや自分の興味を引くものであると、ついわき見をしてしまう。こういったわき見は、視線を向ける回数が多く、1回あたりの視線を止める時間が長くなる。運転時のわき見の研究によれば、2秒以上のわき見はとくに事故を起こしやすいという[17]。

1 危ない車や人・自転車には近づかない

① 事故事例からみた「危ない車や人・自転車には近づかない」必要性

〔事例5〕道路中央に寄ってきた自転車との接触事故

3月の晴れた午前中、67歳男性のHさんは助手席に妻を乗せ、車道幅員5mの見通しの良い直線道路を時速30kmで進行していた。30m前方左側に同一方向に進行中の自転車を発見し、間隔をとるために道路中央に進路をとって30kmの速度で横に並びかけたが、そのとき自転車が寄ってきて、自転車と接触した。

一方、自転車に乗っていた77歳女性のIさんは、急いで買物に行く途中、右折するかどうか迷いながらも、後方を確認しないまま右に進路を変更したため、後方からやってきたHさんの車と衝突した。

この事例は前方の自転車を発見したにもかかわらず、十分な対処をとらずに高齢者が乗っている自転車と衝突した事故だ。相手が高齢者や子どもの場合には、突然、道路中央に寄ってきたり、横断したりと想定外の行動をとりやすいので、まずは離れて動向に注目する必要がある。Hさんは、道路中央に進路をとって自転車から離れようとしたが、その動向を確認し続けるのを怠ってしまった。まずは離れることだが、その後の確認も重要だ。

② 「危ない車や人・自転車には近づかない」の実行度

> **ワーク49** あなたはどのくらい「危ない車や自転車には近づかない」を実行していますか。当てはまる実行度に○をつけてみよう。

> 5　いつも危ない車や人・自転車には近づかない運転をしている。
>
> 4　しばしば危ない車や人・自転車には近づかない運転をしている。
>
> 3　ときどき危ない車や人・自転車には近づかない運転をしている。
>
> 2　たまに危ない車や人・自転車には近づかない運転をしている。
>
> 1　ほとんど危ない車や人・自転車には近づかない運転をしていない。

　男性では年齢差があまり明らかではないが、女性では高齢者のほうが「いつも」危ない車や自転車には近づかない運転をしている人の割合が高い（図5-18）。性差は、他の安全ゆとり運転と比べると少ない。あなたの実行度は、同年代の人と比べてどうだっただろうか。

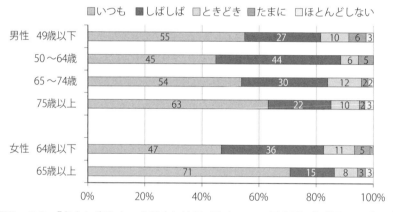

図5-18　「危ない車や人・自転車には近づかない」の男女別・年齢層別の実行度

③「危ない車や人・自転車には近づかない」ための工夫

> **ワーク50**　あなたは「危ない車や自転車には近づかない」ために、どんな工夫や配慮をしていますか。当てはまるものにいくつでも○をつけてみよう。
>
> ア　車の流れに乗って運転する。
>
> イ　前後・左右の交通の動静に注意を払って運転する。

ウ　自転車では、ふらついている、イヤホンやスマホを使っている、一団で走っている、並進している、子どもや高齢者が乗っている自転車にとくに注意する。

エ　車では、速度が速すぎる・遅すぎる、よくブレーキを使う、合図を出さないで進路変更する、ふらつく、見た目が派手、他県ナンバーの車にとくに注意する。

オ　危ない歩行者や自転車を見つけたら、中央線寄りに移動して側方間隔をとり、減速して先に行かせたり、追い越したりする。

カ　危ない車を見つけたら、車間距離を広げたり、別の車線に進路変更したり、先に行かせたり、時には道を変えたりして、相手の車から離れる。

　アの流れに乗った運転をする理由は、前後の車と一緒になって運転することで前後の車が盾になってくれるからであり、また他の車との位置関係を保って互いの車に近づかないためである。ただし、イのように安定した流れの中でも他の車や自転車などの動静には常に注意を払おう。

　どんな歩行者や自転車や車が危ないかは、経験上わかっているはずだ（ウ・エ）。ドイツの交通安全教育では、こうした危険対象を見つけてそれに対処する訓練を「交通危険学」と呼んでいる（1章1節参照）[19]。

　オは危ない歩行者や自転車を見つけた後の危険回避方法であり、カは危ない車を見つけた後の危険回避方法である。

④ あなたが取り入れたい「危ない車や人・自転車には近づかない」ための工夫

> **ワーク51**　アからカの6つの工夫の中で、あなたがこれから採用したいもの、あるいはもっと取り入れていきたいものを1つ選んで○をつけてみよう。次いで、その場面を思い浮かべて具体的にどう工夫するか書いてみよう。

取り入れたい項目：　ア　イ　ウ　エ　オ　カ

具体的な工夫：

---

⑤ トピック17　見える危険と見えない危険

　道路上の危険は、図5-19のように見える危険と見えない危険に分けることができる。この中間にあるのが間接的危険あるいは行動予測ハザードと呼ばれる危険だ。ここで取り上げた「危ない車や人・自転車」もこの間接的危険に相当する。これは、今は危険でないが今後の相手の行動次第で危険が顕在化する可能性がある相手の危険のことだ。

　こういった危険対象を見つけ、それを危険として予測する能力は、イラストやビデオを用いた実験によって加齢とともに低下していくことが明らかとなっている。それによれば、直接的危険（顕在的ハザード）を見つけ出す能力は高齢になってもそれほど低下しないが、間接的危険（行動予測ハザード）と死角的危険（潜在的ハザード）の危険予測能力は、高齢になるに従って大きく低下する（1章3節の図1-6参照）。

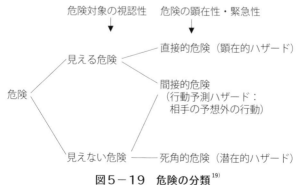

図5-19　危険の分類[19]

2 車間距離を十分にとる

① 事故調査からみた「車間距離を十分にとる」必要性

　表5−2は追突した車のドライバーが危険を感じたとき（危険認知時）と衝突したとき（衝突時）に、追突車と被追突車はそれぞれどのような運転挙動をとっていたかを、追突事故357件を対象に調べた結果だ[20]。

　まず危険認知をしたときの追突車の動きをみると、80％は加減速なくふつうに運転していた。そのとき、追突された側の車（被追突車）は、半数近くが停車していて半数が減速をしていた。次に衝突時の車の動きをみると、追突した側の車の3分の2は減速をして衝突したが、3分の1は減速する余裕もなく衝突していた。追突された側の車は、ほとんどが停車中（80％）だった。

　速度を抑えて運転し、前の車の減速を見逃さないで、そして何より車間距離をもっと長くとっていたら上記の事故は防げたかもしれない。

表5−2　追突事故時の追突車と被追突車の車両挙動（文献20を改変）

運転挙動	危険認知時		衝突時	
	追突側	被追突側	追突側	被追突側
停車	0	41	0	80
減速	8	52	62	13
等速	80	4	25	4
発進・加速	8	2	7	2
その他・不明	4	1	6	1
計（％）	100	100	100	100

② 「車間距離を十分にとる」の実行度

　ワーク52　あなたはどのくらい「車間距離を十分にとる」を実行していますか。当てはまる実行度に○をつけてみよう。

> 5　いつも車間距離を十分にとっている。
> 4　しばしば車間距離を十分にとっている。
> 3　ときどき車間距離を十分にとっている。
> 2　たまに車間距離を十分にとっている。
> 1　ほとんど車間距離を十分にとっていない。

　この安全ゆとり運転も実行度が高い。ただし、年齢差はあって、非高齢者ではいつも「車間距離を十分にとる」のは半数弱であるが、高齢者では4分の3もいた。男女の差はみられなかった（図5-20）。同年代の人と比べてあなたの実行度はどうだっただろうか。

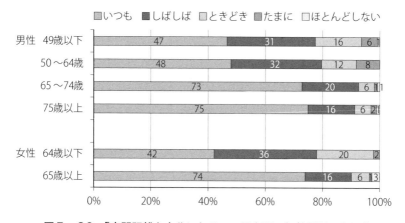

図5-20　「車間距離を十分にとる」の男女別・年齢層別の実行度

③）「車間距離を十分にとる」ための工夫

> 　ワーク53　あなたは「車間距離を十分にとる」ために、どんな工夫や配慮をしていますか。当てはまるものにいくつでも○をつけてみよう。
> 　ア　速度を出して運転しない。
> 　イ　速度に応じた車間距離をとる。

　速度を出すとどうしても前の車との距離が詰まりやすくなる。そのため基本的な心構えはスピードを出さないことだ（ア）。前の車に追従するときは、前の車と自分の車の速度に応じて車間距離をとることだ（イ）。

　車間距離というと、走行速度をあまり意識しないで車3台分とか、15 mくらいといった距離を目安にする人がまだ多い。しかし、3秒ルールという言葉があるように、重要なのは車間距離そのものではなく、車間時間である。たとえば、時速36 kmは秒速10 m（オリンピック選手並みに100 mを10秒で走る）なので、3秒の車間時間をとるなら、車間距離でいうと30 mが必要となる。もっと速度が上がれば、必要な車間距離は長くなる。なぜ3秒くらい必要かは次のトピックで説明しよう。

　3秒の車間時間が目標であるが、それを長すぎると感じて、追い越しや割り込みをする車も多い。空いているときは、後ろの車の追い越しは問題ないが、少し混んできたら追い越しや割り込みは自分に危害が及ぶ。そんなときは、車間距離をぐっと詰めるのではなく、割り込まれない程度の車間距離をとろう（ウ）。しかし、エのように見えにくくて、とっさのときの反応時間が延びてしまう環境での運転では、ふだん以上の車間距離をとろう。割り込まれても気にしないことだ。

　オとカは、追従走行時の視線の向け方だ。前の車だけでなく、その前方の様子も見ながら運転しよう。渋滞が長引くと細かな車間距離や速度の調節が続いて運転がおっくうになる。こんなときに便利なのがオートクルーズだ（キ）。

④ あなたが取り入れたい「車間距離を十分にとる」ための工夫

> **ワーク54**　アからキの7つ工夫の中で、あなたがこれから採用したい
> もの、あるいはもっと取り入れていきたいものを1つ選んで○をつけて
> みよう。次いで、その場面を思い浮かべて具体的にどう工夫するか書い
> てみよう。

取り入れたい項目：　ア　イ　ウ　エ　オ　カ　キ
具体的な工夫：

⑤ トピック18　車間距離と停止距離

　車間距離が長ければ追突事故は起きにくい。このメカニズムを示したもの
が図5-21だ。この図では追突事故には至っていないが、それは追従時の車
間距離aが停止距離bより長かったためである。

　停止距離は、危険が発生してから自車が停止するまでの走行距離であり、
空走距離と制動距離を足したものである。空走距離は、危険が発生してか
ら、危険を認知し、足をブレーキペダルに踏みかえて、踏み込んでからブ
レーキが効き始めるまで、もとの速度のまま走り続ける（空走する）間の走
行距離である。制動距離は、ブレーキが効き始めてから停止するまでに走行
する距離である。

　危険を認知するまでの時間と危険を認知してブレーキが効き始める時点ま
での時間が空走時間であり、空走しているこの時間が長いと前車との距離が
急速に縮まってしまう。空走距離を短くするためには、まず危険の兆候を発
見する時間が短い必要がある。考え事をしていたり、ながら運転をしていた

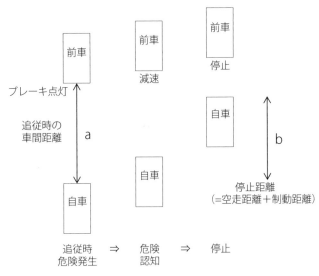

ブレーキ点灯

前車

前車
減速

前車
停止

追従時の
車間距離

a

自車

自車

自車

b

停止距離
（＝空走距離＋制動距離）

追従時　⇒　危険　⇒　停止
危険発生　　　認知

図５−21　緊急停止時の車間距離の変化

り、車外の景色や他の車をわき見したりするとこの時間が長くなってしま
う。次いで危険認知からブレーキ反応までの時間（狭義の反応時間）を短くす
ることが必要だ。以上に要する時間（広義の反応時間）は条件が良ければ1秒
で済む場合もあるが、もっと長くかかる場合もあることから、車間時間を3
秒とって追従すると安全だ。そうすると、前車と同じようにブレーキをかけ
れば、反応時間が3秒かかったとしても、衝突をまぬがれる。

【3節｜人や車から離れる安全ゆとり運転】

③ 後ろから車が来たら脇によけて先に行かせる

① あおり運転調査からみた「後ろから車が来たら脇によけて先に行かせる」必要性

　2020年6月に公布された道路交通法の一部を改正する法律により、妨害運転（あおり運転）に対する罰則が創設された。他の車両等の通行を妨害する目的で、急ブレーキ禁止違反や車間距離不保持等の違反を行うことが、厳正な取り締まりの対象となり、最大で懲役3年の刑に処せられることとなったのだ。

　これに合わせて行った警察庁のあおり運転事故131件のまとめによれば、あおり運転には様々な形態があるが、うち47件（35％）は「進行を邪魔された」という加害者の主観的な被害者感情によるものだった（表5-3）[21]。それが車間距離を詰めたり、割り込みをしたり、幅寄せをしたりといったあおり運転につながったのだ。したがって、運転するときは後ろの車などから、進路妨害をしていると勘違いされないような運転が必要である。その1つが「後ろから車が来たら脇によけて先に行かせる」安全ゆとり運転だ。

　被害者に対して行われた保険会社の調査によれば、あおり運転されたきっかけの1位は「制限速度内で走っていた」、4位は「スピードが遅かった」であった（表5-3）[22]。制限速度内で運転することは危険な運転では決してない

表5-3　あおり運転をした理由とあおり運転をされたきっかけ[21, 22]

あおり運転をした理由（N=131）	％	あおり運転をされたきっかけ（N=116）	％
進行の邪魔をされた	35	制限速度内で走っていた	17
割り込まれた、追い抜かれた	22	車線変更した	15
車間距離を詰められた	8	追い越しをした	15
クラクションを鳴らされた	5	スピードが遅かった	14
		合流をした	13

が、後ろの車からは進路妨害と受け取られかねない。後ろから車が来たら脇によけて先に行かせよう。

②「後ろから車が来たら脇によけて先に行かせる」の実行度

> **ワーク55**　あなたはどのくらい「後ろから車が来たら脇によけて先に行かせる」を実行していますか。当てはまる実行度に○をつけてみよう。
> 5　いつも後ろから車が来たら脇によけて先に行かせている。
> 4　しばしば後ろから車が来たら脇によけて先に行かせている。
> 3　ときどき後ろから車が来たら脇によけて先に行かせている。
> 2　たまに後ろから車が来たら脇によけて先に行かせている。
> 1　ほとんど後ろから車が来たら脇によけて先に行かせていない。

この安全ゆとり運転は、とくに年齢差が大きい。65歳以上の3分の2は、いつもあるいはしばしば、「後ろから車が来たら脇によけて先に行かせる」運転を実行しているが、65歳以下はその半数しかいない。意外にも男女差はみられなかった（図5-22）。同年代の人と比べて、あなたの実行度はどうだったろうか。

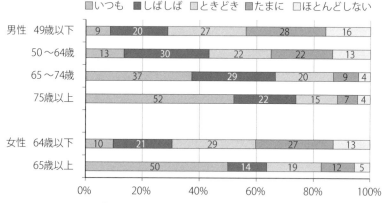

図5-22　「後ろから車が来たら脇によけて先に行かせる」の
男女別・年齢層別の実行度

③ 「後ろから車が来たら脇によけて先に行かせる」ための工夫

> **ワーク56**　あなたは「後ろから車が来たら脇によけて先に行かせる」
> ために、どんな工夫や配慮をしていますか。当てはまるものにいくつで
> も○をつけてみよう。
>
> ア　ミラーを見て後続車の動向を確認する。
>
> イ　後ろから来た車の急ぎ度合を、車間の詰め方やドライバーの表情
> 　　から推測する。
>
> ウ　後ろの車を先に行かせられる場所を見つけておいたり、その場で
> 　　見つけたりする。
>
> エ　左側のスペースだけでなく、道路状況、前の車や対向車などの交
> 　　通状況なども考慮して、先に行かせる。
>
> オ　左によける場合は、ウインカーを出してから減速したり停止した
> 　　りする。

　後ろから車が追いついてきたら、いつでも脇によけるということではな
い。後ろから来る車の動向と前方の道路交通状況を考えて行動しよう。アと
イは後ろから来る車の動向に注意することで、あおり運転をしそうなドライ
バーだったら、自己防衛のために脇に寄って先に行ってもらおう。

　そのためには、すぐに避けようとするのではなく、ウやエのように前方の
道路交通状況を判断することが必要だ。道幅が狭かったり、カーブ区間で
あったり、渋滞気味であったり、対向車が多かったりする場合には、後ろの
車を先に行かせられない。ウのように退避場所を前もって確認しておくと安
心だ。

　オのように、いざ左によけて先に行ってもらうときも、追突されないよう
に自分の意図を相手に明確に知らせることが重要だ。そのとき、ブレーキを
強く踏んで後ろの車を逆に威嚇することは慎みたい。自分の運転があおり運
転となってしまう。

④ あなたが取り入れたい
「後ろから車が来たら脇によけて先に行かせる」ための工夫

> **ワーク57** アからオの5つの工夫の中で、あなたがこれから採用したいもの、あるいはもっと取り入れていきたいものを1つ選んで○をつけてみよう。次いで、その場面を思い浮かべて具体的にどう工夫するか書いてみよう。

取り入れたい項目： ア イ ウ エ オ
具体的な工夫：

⑤ トピック19　あおり運転

　東名高速上でワゴン車に乗っていた一家に難癖をつけ、夫婦を死亡させてしまった事件に代表されるように、あおり運転による交通トラブルは全国で発生している。運転中は怒りの感情を生じやすく、怒りは攻撃行動に転化しやすいことから、こういった犯罪は決して珍しいことではない。アメリカでは少なくとも年間30人が、ロードレイジ（道路上での怒り）と呼ばれるこういった交通トラブルで死亡しているという[23]。「後ろから車が来たら脇によけて先に行かせる」運転は、こうしたあおり運転から身を守る方法だ。

　あおり運転は、何らかの原因で運転中にストレスを感じていた人が、他車の不快な運転を目の当たりにしたときに生じやすい（図5-23）。ストレスとなる原因には、運転者の攻撃的・衝動的な性格、日常生活の中のストレス、個室で匿名性の高い車内で生理的な興奮を伴う運転に特有な心理、渋滞などの自由な走行を妨げたりする交通状況などがある。こうしたストレス状態に

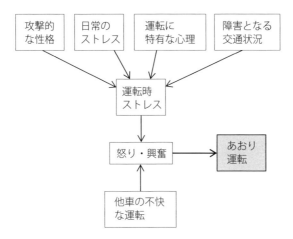

図5-23　あおり運転の心理

あるときに、表5-3の右側に示すような他車の不快な運転により自分の運転が害されたと感じると、怒りや強い興奮を感じて、あおり運転をする人が出てくるのだ[24-26]。

　とくに、怒りの感情を抑えられない人（セルフコントロール能力の低い人）、他人の行為を自分に向けられた悪意によるものと感じる傾向のある人（敵意帰属バイアス傾向の強い人）は、あおり運転を実行しやすい。

4 狭い道で対向車が来たら停止して待つ

1 事故事例からみた 「狭い道で対向車が来たら停止して待つ」必要性

〔事例6〕狭い道での正面衝突

　4月の水曜の晴れた朝早く、31歳男性のJさんは幅員3.7mの右カーブ手前を時速50kmでやや中央寄りに通行していた。道路脇の雑草で見通しが悪く、道幅も狭いことを知っていたが、通勤で急いでおり、早朝で他の車はないと思って、道路中央寄りを減速しないでカーブに進入した。

　65歳男性のKさんは、妻を同乗させ同地点の左カーブにさしかかった。ときどき通る狭い道路で、このカーブ付近は雑草で見通しが悪いことを知っていたが、Jさんと同様に早朝で他の車は来ないと思い、時速30kmで走行していた。対向車を認知し、左側に避けようとしたが、道路が狭いためそのまま進んだところJさんの車と正面衝突してしまった。

　この事故はJさんの狭い道路での無謀なスピード運転に原因があるが、Kさんとしてはそういった車もいる可能性を予期し、速度をもっと落として、いつでも停止できるようにして左カーブを走行すべきだった。

2 「狭い道で対向車が来たら停止して待つ」の実行度

　ワーク58　あなたはどのくらい「狭い道で対向車が来たら停止して待つ」を実行していますか。当てはまる実行度に○をつけてみよう。
　5　いつも狭い道で対向車が来たら停止して待っている。
　4　しばしば狭い道で対向車が来たら停止して待っている。

　　3　ときどき狭い道で対向車が来たら停止して待っている。

　　2　たまに狭い道で対向車が来たら停止して待っている。

　　1　ほとんど狭い道で対向車が来ても停止して待っていない。

　図5-24をみると、この安全ゆとり運転も年齢差が大きく、男女とも75歳を超えるといつもあるいはしばしば「狭い道で対向車が来たら停止して待つ」人は8割を数える。男女差をみると、少しだけ女性の実行度が高い。あなたの実行度は他の同年代・同性の人と比べるとどうだっただろうか。

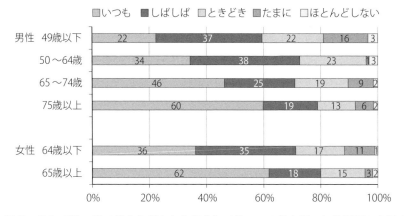

図5-24　「狭い道で対向車が来たら停止して待つ」の男女別・年齢層別の実行度

3　「狭い道で対向車が来たら停止して待つ」ための工夫

　ワーク59　あなたは「狭い道で対向車が来たら停止して待つ」ために、どんな工夫や配慮をしていますか。当てはまるものにいくつでも○をつけてみよう。

　　ア　あらかじめ、すれ違いができる広い場所を把握しておく。

　　イ　道路の幅と対向車に気をつけながら運転する。

　　ウ　遠くに対向車が見えたら広い場所を見つけ、先に停止して待つ。

エ　すれ違いがギリギリできそうでも、自分のほうが停止して相手に
　　　進路を譲る。
　オ　停止するときは可能な限り脇に寄せる。

　4章1節の④「安全に走行できるルートを選ぶ」で取り上げたように、狭
い道を通行するのは極力ひかえよう。それでも通行するときは、すれ違い場
所を事前に調べておこう（ア）。狭い道を通行するときは、イのように道幅
の変化と対向車の出現に気を配ろう。対向車が見えたら、知っている道なら
先行するかバックして広い場所で待機するが、知らない道ならウのように道
幅の広いところを見つけ、先に停止して待とう。

　すれ違いができないような道路は、一方通行に指定されている場合が多い
が、すれ違いがギリギリできそうな両側通行の道路はまだ多い。そんな道路
で対向車にあったら、できるだけ自分のほうが停止して相手に進路を譲るこ
とだ（エ）。どちらが譲るべきかは、双方の車がいる付近の道幅等の道路条
件、車の大きさ、運転技能などによるが、後からゆっくり行くほうが精神的
に良いし、無理して突っ込んで相手の車と接触すると事故の責任が大きく
なってしまう。

　オに示したように、停止するときは可能な限り脇に寄せよう。ただし、脱
輪には注意だ。

④　あなたが取り入れたい
「狭い道で対向車が来たら停止して待つ」ための工夫

　ワーク60　アからオの5つの工夫の中で、あなたがこれから採用した
いもの、あるいはもっと取り入れていきたいものを1つ選んで○をつけ
てみよう。次いで、その場面を思い浮かべて具体的にどう工夫するか書
いてみよう。

取り入れたい項目：　ア　イ　ウ　エ　オ
具体的な工夫：

⑤ トピック20　リスクテイキング

　運転は危険と隣り合わせている。事故という危険が発生しやすい状況や発生源であるハザードを予測し、それを発見することは、危険を避ける基本だ。教習所で習う危険予測はこのことをいっている。ハザードの他にリスクという英語も、日本語では危険と訳される。事故発生の可能性という危険がリスクだ。

　図5-25に示すようにドライバーは、ハザードの知覚、運転という交通環境への働きかけによる負荷、自分の運転技能の認知、の3つを勘案してリスクを評価する。そしてその評価をもとに危険に対処する。

　ここでのテーマである「狭い道で対向車が来たら停止して待つ」の場合

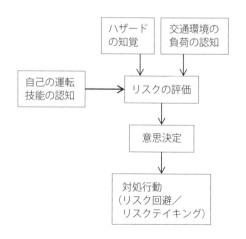

図5-25　リスクの評価と対処行動

は、「ハザードの知覚」は衝突のおそれがある対向車の発見とその脅威の知覚である。「交通環境の負荷の認知」は狭い道ですれ違うことの難しさを考えることであり、「自己の運転技能の認知」は自分の技量ですれ違いができるかどうかの自信である。

「リスクの評価」は、その状況での危険性の評価で、その危機感は、対向車との衝突のおそれが高い状況と思うほど、このまま狭い道を進んでいくことが負担と感じるほど、またすれ違いができるほどの技量がないと思うほど高くなる。リスクの評価が高く、高い危機意識を持てば、停止して待つという「意思決定」をするだろう。

問題は、「リスク評価」の正しさもあるが、その後の「意思決定」の正しさのほうが運転行動に直結することだ。同じ「リスクの評価」をしても、停止して待つ人だけでなく、そのまま進行するような人がいるのだ。これは個人の性格や態度の違いによる。ギャンブルやスリルを好む人や不安傾向が少ない人は、そのまま進行する可能性が高い。こういったリスクを認識しながらそのリスクをとることを、心理学ではリスクテイキング行動という。

また、同じ人であっても、リスク評価の正しさやリスクテイキングするかどうかは、そのときの心理状態にもよる。イライラしたり、あせったりしていれば、リスクテイキングしてしまうおそれが増す。

文献 ··

1 ）交通事故総合分析センター（2020）．交通統計 令和元年版（pp. 59, 81）．

2 ）松永勝也（2002）．先急ぎの運転は得か．松永勝也（編），交通事故防止の人間科学（pp. 35-39）．ナカニシヤ出版．

3 ）林政喜・隅田康明・合志和晃・松永勝也（2014）．先急ぎ運転の得失分析システムの開発と一分析．情報処理学会論文誌，55(1)，459-469．

4 ）警察庁（2021）．交通事故の発生状況（2020年中）．https://www.e-stat.go.jp/stat-search/files?page=1&layout=datalist&toukei=00130002&tstat=000001027457&cycle=7&year=20200&month=0

5 ）警察庁（2021）．交通死亡事故の発生状況及び道路交通法違反取締り状況等について（2020年中）．https://www.e-stat.go.jp/stat-search/files?page=1&layout=datalist&toukei=00130002&tstat=000001027458&cycle=7&year=20200&month=0

6 ）松浦常夫（1983）．運転者の記述に基づく交通違反理由の基礎的分析．科学警察研究所報告交通編，24(1)，97-101．

7 ）Corbett, C., & Simon, F. (1992). *Unlawful driving behaviour: A criminological perspective*. Contractor Report No. 301. Crowthorne, UK: Transport Research Laboratory.

8 ）宝池自動車教習所（2020）．学科試験練習問題　危険予測練習問題 3．https://www.takaragaike.co.jp/se_q/yosoku_f03t.html

9 ）Posner, M.I., Snyder, C.R., & Davidson, B.J. (1980). Attention and the detection of signals. *Journal of Experimental Psychology: General*, 109(2), 160-174.

10）松浦常夫（2020）．交通事故総合分析センターの集計ツールによる集計（2019年中の四輪車による出合頭事故を対象）．

11）神田直弥・石田敏郎（2001）．出合頭事故における非優先側運転者の交差点進入行動の検討．日本交通科学協議会誌，1(1)，11-22．

12）Deffenbacher, J.L., Oetting, E.R., & Lynch, R.S. (1994). Development of a driver anger scale. *Psychological Reports*, 74(1), 83-91.

13）全日本交通安全協会（2020）．令和2年使用交通安全ポスターデザイン決まる．https://www.jtsa.or.jp/topics/T-308.html

14）交通事故総合分析センター（2020）．交通事故統計表データ 01-31NM101．

15）川畑秀明（2010）．注意．箱田裕司・都築誉史・川畑秀明・萩原滋（編），認知心理学（pp. 65-93）．有斐閣．

16）Ponds, R., Brouwer, W.H., & van Wolffelaar, P.C. (1998). Age differences in divided attention in a simulated driving task. *Journal of Gerontology*, 43(6), 151-156.

17）European Commission (2018). *Driver distraction*. https://ec.europa.eu/transport/road_safety/sites/default/files/pdf/ersosynthesis2018-driverdistraction.pdf

18）NEXCO東日本（2021）．ドラぷら 交通安全パンフレット　セーフティドライブ——

高速道路と上手につきあう方法. https://www.driveplaza.com/assets/pdf/safetydrive/safetydrive.pdf

19) 蓮花一己 (1996). 交通危険学——運転者教育と無事故運転のために. 啓正社.

20) 交通事故総合分析センター (2010). 追突事故における追突車両／被追突車両の関係の分析 (pp. 82-108). 交通事故例調査・分析報告書 (平成21年度報告書).

21) SankeiBiz (2020). 半数は加害者の一方的な認識であおり運転か　警察庁初調査. https://www.sankeibiz.jp/workstyle/news/200623/cpd2006230911001-n1.htm

22) チューリッヒ保険会社 (2020). ニュースリリース 全国のドライバーに「2020年あおり運転実態調査」を実施. https://www.zurich.co.jp/aboutus/news/release/2020/0706/

23) Covington, T. (2021). Road rage statistics in 2021. https://www.thezebra.com/resources/research/road-rage-statistics/

24) Matthews, G. (2002). Towards a transactional ergonomics for driver stress and fatigue. *Theoretical Issues in Ergonomics Science*, 3(2), 195-211.

25) 矢武陽子 (2019). 日本におけるあおり運転の事例調査——先行研究のレビュー結果を踏まえて. 国際交通安全学会誌, 43(3), 197-204.

26) 志堂寺和則 (2020). 最近の「あおり運転」に潜む心理. 交通安全教育, 55(2), 6-13.

6章

運転卒業までのステップ

① 運転卒業までの5つの段階

　健康心理学などでは行動変容といって、過度の飲酒や喫煙などの生活習慣を改善することがテーマとなっている。表6−1はその行動変容の有名な理論である多理論統合モデル[1]を、運転卒業という事態に適用したものだ。読者の多くは、段階1の前考慮期か2の考慮期に当てはまり、3の準備期に相当する人もいるかもしれない。しかし、今は運転している人でもいずれは運転をやめることになる（段階5）。この章では、各段階で考慮すべき点を解説していこう。

表6−1　運転卒業までの5つの段階

1. 前考慮期	2. 考慮期	3. 準備期	4. 実行期	5. 実行継続期
運転をやめることを考えていない	運転をやめようかと考えるが、決心がつかない	運転をやめる準備をする	実際に運転をやめてみる	運転をやめた生活をする

② 老いによる運転不安 （1.前考慮期～2.考慮期へ）

　段階1の人でも、高齢になると老いが訪れ、それが運転に悪影響を与える。そういった運転が出現したら、段階2の考慮期に入ったことを自覚しよう。本書で述べた安全ゆとり運転ができなくなったら、それは段階2への移行のシグナルだ。

　危険な運転になったシグナルには他にも様々なものがある。筆者らが作成した「高齢ドライバーのための安全運転ワークブック」にある「危険運転度」チェックもその1つだ[2]。さっそくトライしてみよう。

> **危険運転チェック**
> 　あなたには次のような運転がみられますか。そうした運転の数字に○をつけてみよう。
> 　1　標識を見落とすことがある。

2　同乗するのが怖いと言われる。

3　バックが苦手と感じる。

4　反応が遅くなった。

5　体調が悪くて運転にさしつかえる。

6　操作がぎこちなくなった。

7　視野が狭くなったと感じる。

8　対向車の接近速度を間違える。

9　狭い道で車をこする。

10　対向車のランプが以前よりまぶしく感じる。

11　判断や操作を誤るようになった。

12　もの忘れが多くなった。

13　車の運転がおっくうである。

14　他の車のスピードについていけない。

15　長く運転できなくなった。

　チェックした○の数を数えてみよう。多くの人のチェック数は6個以下で、7個以上ある人は74歳以下では25％、75歳以上でも30％だった。7個以上チェックをつけた方は、自分の運転が他の人よりかなり危険になったと自覚しよう[2]。

　安全ゆとり運転、とくに5章で取り上げた運転時の安全ゆとり運転、ができなくなったときも危険運転のシグナルだ。安全ゆとり運転の中でも防衛運転は注意力を要する。そのため、しようと思っても能力的にできなくなるときがいずれ来る。自分では「車間距離をとっている」つもりでも、同乗者からは「車間距離が短い」と言われたり、「危ない車や自転車には近づかない」つもりでも、気がつくと隣に自転車がいたりするということが起きてくる。こうなったら運転卒業を考える時期が来たと心得よう。

③ 運転継続と卒業のメリット・デメリット（2.考慮期）

運転卒業が頭にチラついてきたら、運転の継続と卒業のメリット・デメリットを考えてみよう。表6−2に移動面など5つの考慮すべき点をあげた。運転を継続した場合と卒業した場合の状況はどうであるかを（はい・？・いいえ）のいずれかで回答してみよう。また、卒業することで改善がみられるかを、改善が（あり・？・なし）で回答してみよう。

たとえば、運転継続中は自分の運転で自由に移動できるが（はい・？・いいえ）、運転を卒業すると自由に移動できなくなると思えば（はい・？・いいえ）、状況の改善は（あり・？・なし）と回答する。運転を卒業してもバス便などがあってそれほど状況は悪くはならないと思えば、「？」に○をつけることになるだろう。

皆さんの結果はどうだっただろうか。5つの考慮する点を総合して、状況改善に「あり」や「？」が多かった人は、迷わず運転卒業に踏み切ろう。逆に、改善「なし」や「？」が多かった人は、まだ運転継続にこだわっている人だ。以下を読んで、あなたの運転卒業のための手がかりとしてほしい。

表6−2　運転の継続か卒業かをめぐって考慮する点と卒業による状況改善

考慮する点	運転継続	運転卒業	運転卒業による状況改善
移動　　自由に移動できるか	（はい・？・いいえ）	（はい・？・いいえ）	（あり・？・なし）
事故への不安　　事故にあう不安があるか	（はい・？・いいえ）	（はい・？・いいえ）	（あり・？・なし）
気持ちの張り・自尊心　　気持ちに張りや自尊心があるか	（はい・？・いいえ）	（はい・？・いいえ）	（あり・？・なし）
家族の気持ち　　家族は安心しているか	（はい・？・いいえ）	（はい・？・いいえ）	（あり・？・なし）
経済的負担　　運転や移動に関わる費用は負担になるか	（はい・？・いいえ）	（はい・？・いいえ）	（あり・？・なし）

④ 移動手段の考慮（2.考慮期）

　移動についてのあなたの意見はどうだっただろうか。車は確かに便利だし、運転できなくなると不便になると思う人が多いだろう。しかし、運転卒業後の移動が実際に不便になるかどうかは、その人の健康状態や住む地域などによって異なる。健康でない人は徒歩や自転車などでの自力による移動が難しいだろうし、バスや鉄道も使いにくいので不便をより感じやすい。地方に住んでいる人の多くは、健康であっても鉄道やバスの便が少なく、移動の確保に苦労するのでやはり車がないと不便を感じるだろう。

　しかし、意外に移動は何とかなるかもしれない。以下に車に代わる利用可能な様々な交通手段について解説するので、あなたに使えそうな交通手段を考えてみよう。もちろん徒歩や自転車や電動アシスト自転車や電動車いすなどを使って自力で移動できればそれに越したことはないが、ここでは公共的な交通手段を考えてみよう。

1．鉄道

　電車や地下鉄などの鉄道は、自動車、徒歩に次いで利用頻度が高い交通手段だ。しかも、目的地が遠いほど鉄道がよく使われる[3]。しかし、都会に住む高齢者にとっては便利でよく使う交通手段であるが、地方に住む高齢者に

図6-1　富山の路面電車

とっては日常生活ではあまり利用できない手段だ。地方では町と町を結ぶ鉄道が通っているが、駅から離れたところに住んでいる人には使う機会が少ないし、近くに住んでいる人でも本数が少なくて使いにくいからだ。

　それでも、札幌、富山、京都、広島、愛媛、熊本、長崎などの地方の大都市では、郊外と中心部を結ぶ路面電車が走っている。こうした路面電車は、都市の中心駅から離れたところに住む人々にとっては車に代わる足となり、都市の中心部に賑わいをもたらす。

2．バス

　バスは都市部でも地方部でも免許を持たない高齢者にとって重要な交通手段だ。しかし、マイカーが増え始めた1970年代から、地方では過疎化と相まって路線バスが次第に廃止されていき、その代替交通の確保が大きな問題となっている[4]。

　バスの利点は、目的地へ行く路線があれば、発車時刻に停留所に行けば目的地まで安い料金で移動できる点だ。自治体によってはシルバーパスのようなさらに安く利用できる制度がある。また、鉄道にも当てはまるが、駅やバス停まで歩くことによって健康増進が期待できるし、外出によって生活に張りができる。地域にとっても消費の拡大に結びついて経済に良い影響を与える。バスに乗って住民同士が顔見知りになるというメリットもある。

　他方、バスにも利用しづらい点がある。バス停が遠い、目的地への本数が少ない、遅延が多い、バス停に屋根がない、乗っても座れないなどだ。あなたも近くにどんなバス路線があるか、そこまでの距離はどのくらいか、1日の本数はどのくらいかを調べておこう。

　赤字で廃止された路線バスの代替として登場したのがコミュニティバスである。これが全国に広がったきっかけは、吉祥寺で有名な東京・武蔵野市で1995年に始まったムーバスの運行だ。現在もムーバスのような都市の住宅地をめぐるコミュニティバスがあるが、半数以上は地方の過疎地域を通る、1日の本数が数便といった運行である[4]。広大な地域を少ない台数でカバーするコミュニティバスは利用者にとってはありがたいが、路線近くの住民な

ど利用できる人は限られている。また、バス料金も一般のバスより安くてありがたいが、コミュニティバスが財政負担になっている自治体は多い。

3.　タクシー

　タクシーは、鉄道やバスよりマイカーに近い感覚で利用できる交通手段だ。自宅から行きたいところに直行できるからだ。駅やバス停まで歩く必要がなく、車内では必ず座れるので、健康不安を持つ人にとってはとくに便利である。しかし、呼んでもすぐ来てくれるわけではないし、何より運賃が高い。そのためか、この10年間で輸送人員は3割も落ち込んだ[5]。

　そんな中、バスが通行できない過疎地域等において生活交通を確保するために運行され始めたのが乗合タクシーだ。客にとっては料金が安くなるため使いやすく、タクシー業界の活性化にもつながる試みで、全国で4603コース、1万3233台が運行している（2019年3月末現在）[6]。乗合タクシーには、バスのように定時・定路線で運行する路線定期型のほか、路線および運航時刻は定めず、事前予約により自宅から要望する訪問先までドアツードアで運行するデマンド型乗合タクシーもある。デマンド型のほうは運賃が高いが、相乗りなのでふつうのタクシーと比べると割安だ。

4.　市町村やNPO等の自家用車を用いた有償輸送

　現在の法律（道路運送法）では、バスやタクシーといった緑ナンバーの車

図6−2　自家用車による有償運送（上越市）[7]

でないと、運賃を取って人を輸送することができない。しかし、バスやタクシーの運行が採算上厳しく、運行できない過疎地域もある。そういった地域の人の足を確保するために、例外として2006年から導入されたのが、自家用有償旅客運送だ。登録を受けた市町村やNPO等が、自家用車（白ナンバー）を用いて、タクシーの半額程度の値段で運送することが可能となったのだ。現在、全国にある市町村の4分の1がこの制度を利用している[8]。もし、介護が必要になったときは、社会福祉法人やNPOなどが運営する車も利用でき、介護施設や病院や店に行く際に、介護保険の補助を受けられる。

5. 市町村やNPOや住民等の自家用車を用いた無償輸送

　これまで述べてきた運賃を払う輸送サービスと異なり、自家用車を用いた無償で利用できるサービスがある。家族や友人の車に同乗するときも無償だが、この制度は市町村やNPOが関与する組織的なものだ。しかし、無償であるから財政負担が大きく、ドライバーもボランティアであって、導入している市町村は多くない。

　導入事例を紹介すると、北海道北部の天塩町では、70km離れた稚内市にしか総合病院や大型商業施設がないため、天塩町と稚内市を往来するボランティアドライバー32名を登録し、そのドライバーが移動するときに住民がその車に相乗りする。利用者は、ボランティアが稚内に行く予定のある日をみて、同乗の申請をする。無料といってもガソリン代は利用者が支払う[9]。

　島根県の安来市宇波地区は、市のコミュニティバスも運行できないほどの山間過疎地で、遠くてタクシーの配車も困難な地区である。そのため自宅から最寄バス停か、地区内唯一の公共施設である交流センターを結ぶ軽ワゴン車の運行を無料で行っている。ドライバーは地域の住民ボランティア17名で、車は市から無償貸与されている[9]。

⑤　家族との話し合い（2.考慮期）

　家族は親や配偶者が高齢になると、車を安全に運転できるか心配になるも

のだ。世間では認知症気味の親が車の運転をやめないので困っているという話をよく聞く。この問題は、本来は家族の側から親などに話し合いを持ちかけるものだが、中高年のあなたからも話し合いを促すことができれば最高である。運転を卒業したときに頼りになるのはバスや電車などより、家族や友人の同乗サポートだからだ。

　話し合いは、いつ、どんなときにしたらよいだろうか。理想的には、まだ運転技能の低下が始まっていない早期から徐々に家族での話題にするのがよいようだ。運転卒業を早くから自分で、あるいは家族などとともに考え、次第に運転頻度を減らしていく人は、運転をやめた後の移動に伴う支障が少ないという[10]。

　話し合いといっても改まったものである必要はない。家族を自分の車に同乗させて運転しているとき、逆に配偶者や子どもが運転する車に自分が同乗しているとき、一緒に高齢者の起こした交通事故のニュースを見ているときなど、ふだん運転に関係しているときがよいだろう。もちろん、自分が事故にあったり、違反で捕まったり、大きな病気にかかったりといった深刻な場面での話し合いも重要だ。

　最初に相談を持ちかける相手は、話しやすい信頼のおける家族メンバーがよいだろう。配偶者がいる場合はふつうまず配偶者と話す。いない人は、子どもや友人やかかりつけ医と話したり、また公的機関では運転免許センターや地域包括支援センターの担当者に相談したりするとよい。

　どんな話をするかは、最終的には運転卒業につながる話題ではあるものの、あなたの運転技能低下の度合い、運転の必要性、運転断念の意思の程度、そして話す相手による。まだ運転技能がそれほど低下していない人は、老いたという嘆き、老いが運転に与える影響、他人の運転の批評などの軽い話題でよいかもしれない。自分の運転に不安を感じ始めたら、高齢者講習とその結果、自分の運転、事故、バスや電車の使用、家族の同乗サービスなど軽くない話題が増えていくだろう。このとき、本書で取り上げた安全ゆとり運転も話題に付け加えてほしい。

　様々な調査によれば、世間での親と家族の免許返納をめぐる話し合いは、

双方ともに感情的になりやすいという[10, 11]。運転をやめるよう家族から告げられると、高齢の親は悲しくなったり、不甲斐なく思ったり、怒りを感じたりする。家族もイヤダと抵抗されると、憤慨したり、取り上げようとしたことに罪悪を感じたりする。このようにならないために、早くから折に触れて、自分の運転について家族と話し合いを続けていこう。

⑥ 運転をやめる決意（2.考慮期〜3.準備期）

　高齢ドライバーへの調査結果をみると、3分の1くらいの人は免許返納を考えているようだが、運転をやめる決意をいつするかは人によって異なる。また、運転をやめようと決意し、実際にやめるまでの期間も異なる。同様に、やめるきっかけや理由も様々だ。

　図6-3は免許返納者が運転をやめた理由について、そのきっかけやプロセスを図で示したものだ[12]。きっかけは様々だが、大きく3つに分けることができる。最大の理由は、運転に自信がなくなり、不安を感じるようになったからだ。それは目が見にくくなった、足腰が痛くなった、動作がのろくなったといった身体の老いや様々な病気、あるいはとっさの判断が鈍くなったといった認知機能の衰えの自覚であり、そういった老いが危険な運転をもたらすようになってきたという恐れである。その思いはヒヤリ体験や事故にあうことによって顕在化するし、他の高齢ドライバーの事故をニュースなど

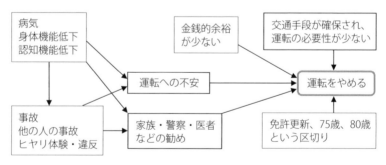

図6-3 運転をやめる理由・きっかけ[12]

で見て、わが身に照らし合わせることでも生じる。この身体の老いによる運転断念は、運転が好きな人や交通が不便な地域に住んでいる人に多くみられる。

やめるに至る2つ目の理由は、運転する必要性が少なくなったからだ。この理由でやめた人には、もともとあまり運転していなくて、比較的早くから免許を返納した人や車を手放して運転をしていなかった人が多い。車をよく運転していた人でも、まちに住んでいて近くで買物ができ、病院も近ければ、車を運転し続ける必要性はあまりない。郊外でもバスや電車の便が良ければ車はいらない。店や病院などが遠くにある地方に住んでいる人でも、家族の車でそこまで行けたり、金銭的負担がそれほど大きくないオンデマンドバスやタクシーなどが使えたりすれば、運転を継続する必要性は少ない。また、今まで車で通勤していたり、車を使う仕事をしていたりした人も、仕事をやめれば車はそれほど使わなくなる。

3つ目の理由は家族などによる運転断念の勧めだ。運転に自信がなくなった夫や親に対して、妻や娘が運転をやめようと言うとそれにすんなり応じる高齢者も中にはいる。しかし、自分の運転の危険さに気がつかない高齢ドライバーへの説得は大変だ。認知症になると、自分のこともわからなくなって、まだ安全に運転できると思ってしまうのだ。早いうちに、いずれは運転をやめることを考え、それを家族とともに時に話題にあげることの重要さはここにある。現在の運転免許制度では認知症の人は運転できないことになっているが、その認定を受けて免許を取り消されるまでの道のりは遠い。自分が認知症になる前に、運転をやめるのが一番だ。

⑦ 免許を手放す準備（3.準備期）

運転をやめようと決意しても、すぐに免許を返納する必要はないし、すぐ実行できるわけでもない。72歳で免許を返納した教育評論家の「尾木ママ」こと尾木直樹氏は、返納3年前の番組内の運転チェックで10項目中、車庫入れなどの3項目が引っかかってショックを受けたという。その後、87歳男性が赤信号無視で暴走し、母親と子どもを死亡させた、池袋で発生した事故の

報道を見て、加害者になることの恐れを感じ返納を決意したそうだ。それでも、実際に警察署で免許返納をしたのはその2か月後だった[11]。人によって運転をやめようと思って、実際にやめるまでの期間は様々だろう。

1. 運転頻度を少なくして他の手段を利用する

　運転を卒業するあるいは免許を手放すためにはどんな準備をしたらよいだろうか。1つはとにかく運転する頻度を少なくすることだ。これは、次第に運転を減らして、最終的に運転をしなくなったときの影響を少なくするための知恵だ。実際、免許を自主返納した人の返納前1か月の運転頻度を聞くと、3分の2はほとんど運転していなかった（図6−4）[13]。

　徐々に運転頻度を減らしていく方法の他に、1週間だけ車を運転しない生活をしてみるという方法もある。そうすると、別の移動手段がないか考え、それを利用するようになる。バスやタクシーなどを使った移動について先に述べたが、その中でどんな交通手段が使えるか、実際に試してみるのだ。もう1つは家族や友人の車への同乗だ。同乗させてくれる人の負担を考えると同乗を頼むのは心苦しいかもしれないが、ここは割り切って甘えよう。家族と同居している人は配偶者や子ども夫婦に頼めばよいし、単身者は近くの子ども夫婦か友人に頼むことだ。

　車を使用しない移動手段ももちろんある。自転車と徒歩だ。中には電動車イスなどを使う人もいるかもしれない。2kmくらいまでなら徒歩で、4km

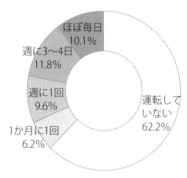

図6−4　免許自主返納者（75歳以上）の返納前1か月の運転頻度[13]

までなら何とか自転車で行けそうだ。ただし、徒歩や自転車による移動は健康な高齢者でないと苦しいし、土地に起伏のある山間部では難しい。

今まで自分の車で目的地に行っていたのが、他の交通手段で行くことになれば、行き先を変える必要も出てくる。遠くのショッピングセンターに行くのをやめて近くの商店に行ったり、遠くの総合病院から近所の小さな病院に移ったりするのも1つの工夫だ。

2. 家に居ながらサービスを受ける

買物や受診は自らが移動しなくても可能だ。食料品などは宅配サービスが使えるし、日用品では通販やネットショッピングがある。これらは電話やFAXやインターネットなどで注文し、その商品を自宅まで届けてくれるサービスだ。商品が食事の場合には配食サービスと呼ばれる。最近では、自宅周辺のスーパーやドラッグストアなどを巡り、依頼者の代わりに買物をして、自宅まで購入した商品を届けてくれる買物代行サービスも出てきた。昔の「御用聞き」のように得意先を定期的に巡回して商品の注文を受ける訪問型買物代行サービスもある。

家に居ながらではないが、移動販売も近くに店がない人には便利だ。小型のトラックに食料品や日用品を積んだ移動販売車が町や村を走り、いくつかの場所で停まって販売し、巡回するサービスだ。地元のスーパーや商店が取り組んでいるが、最近はセブンイレブンなどの大手コンビニも参入してきた。

医療面では、家に居ながら受けられる在宅医療や遠隔医療の仕組みがある。在宅医療というのは、患者からの要請でホームドクターなどが患者の自宅に赴いて行う診療（往診）や、通院が困難な患者に対し、あらかじめ診療の計画を立て、定期的に患者の自宅に赴いて行う診療（訪問診療）のことだ。看護師が訪問してケアを行う訪問看護、理学療法士や作業療法士が行う訪問リハビリテーションもある[14, 15]。

遠隔医療は、医師が電話やテレビ電話などの通信機器を用いて、患者と離れた場所から診療を行うものだ。移動困難な高齢者だけでなく、コロナ禍で

病院に行きたくない人が増えたことをきっかけに、活用の場が広がっている。

3. 車を手放す

運転をやめる決意をしたら、次は車を手放すことだ。愛着のある車を手放すのは寂しいかもしれないが、車を保有すると年間に40万円から50万円かかった維持費がゼロになり、家計にゆとりが生じる。表6−3はその支出を具体的に示したものだ。150万円の軽自動車あるいは200万円の小型車を購入し、10年間で乗りつぶしたと仮定して算出した。これには駐車場代や高速料金は含まれていないからもっと費用がかかる人もいる[16]。

自分の車を手放しても、いざとなったら家族の車やレンタカーなどの運転ができる。そのため、免許返納に比べれば抵抗感は少ないだろう。また、車の運転をやめても免許だけは持っていたいという人には、車の処分が実質的な運転卒業になる。

表6−3　車にかかる年間費用[16]

	軽自動車	小型自動車
車購入費（10年で割る）	150,000	200,000
税金		
自動車税	10,800	30,500
自動車重量税	12,300	16,400
保険料		
自賠責保険料	12,422	12,806
任意保険料	80,000	85,000
車検代	25,019	25,343
メンテナンス費用	15,000	18,000
ガソリン代	81,152	101,344
年間合計	386,693	489,393

⑧ 運転免許の自主返納（4.実行期）

運転をやめるというと、免許の自主返納のことを思い浮かべる人が多い。しかし、実際に運転をやめている人で多いのは、ペーパードライバーや更新切れの人だ。もっとも最近では自主返納する人が増えてきたので、今後は更

図6-5　運転経歴証明書（例）[19]

新切れの人より多くなるかもしれない。

　免許の自主返納は、行政にとっては事故を起こしやすい高齢ドライバーを交通の場から「排除」する対策としての意味を持つ。一方、車を運転したいのに断念する人にとっては、区切りをつける儀式となる。免許を返納しに警察に足を運び、代わりに運転経歴証明書となるカードをもらうのだ。ところで、自主返納する人と更新切れする人の返納と更新切れの前年の事故率を比べると、とくに75歳を超えると、自主返納者のほうが事故率が高かった[17]。後期高齢者になって事故を起こすと、それを契機に自主的に免許を返納する人がいるからだろう。

　免許の自主返納の歴史を振り返ってみよう[18]。この制度は20年ほど前の1998年に、高齢者講習制度とともに始まった。正式には、申請による運転免許の取り消しという。しかし、この年の自主返納者はわずか2596人であった。これは申請してもドライバー側にはメリットがなかったためである。

　そのため、自主返納者に運転経歴証明書を発行する制度を2002年に導入した。運転経歴証明書というのは、免許を返納した日より前の5年間の運転に関する経歴を証明する、運転の記念ともなるカードで、一見すると免許証に似ている（図6-5）[19]。このカードの導入によって自主返納者は増えていったが、当初はこのカードを持っていても身分証明書としては使えなかった。そこで、2012年に経歴証明書を公的な本人確認書類として銀行などで使える制度が導入されて、その年の自主返納者は前年の1.5倍の12万人となっ

た¹⁸⁾。

　免許の自主返納が増えた背景には、75歳以上の高齢者講習受講者に対し2009年に導入された認知機能検査制度もある。自分が認知症かどうかの予備検査をされるくらいなら免許を返納しようと考える人が出てきたからだ。2017年には認知機能検査で第1分類（認知症のおそれあり）と判定された人には、医師による臨時適性検査や認知症の診断書の提出が求められ、認知症と診断されると免許の取り消し処分等が下されることになった。この過程で自主返納する人がまた増えた。

　平成から令和にかけて自主返納はいっそう増えていった。この背景には、高齢ドライバーによる思いもかけないような事故や加害者となった悲惨な事故の報道がある。とくに、2019年に池袋で発生した87歳高齢ドライバーの暴走による母子死亡事故が決定打となった。この年の自主返納者は東京を中心に増え、全国で60万人に達した。

　しかし、60万人といっても65歳以上の高齢ドライバー1900万人の3％にすぎない。75歳以上になれば自主返納者も増えるが、それでも自主返納したのは6％だけだ。自主返納率が最も高い東京ですら9％ほどだ²⁰⁾。

⑨ 免許返納後の生活（5.実行継続期）

　免許を返納したした後の移動は、家族等が運転する車への同乗、タクシーやバスや電車などの利用、自転車や徒歩による自力による移動に移行していく。多くの場合、外出回数は減少するし、買物や通院などに支障をきたす人が増えてくる²¹⁻²³⁾。これが生活の質の低下につながることは否めない。

　しかし、免許返納前に予想していたほどは、返納後の生活は悪化しないようだ。「返納して生活に困っているか」について、岡山県の都市部、郊外部、中山間地域に住む免許返納者に聞いてみた結果によると、郊外や中山間に住む人でも「大変困っている」と回答した人は10％ほどであった²³⁾。イギリスの結果でも、「移動のために他人に頼るのは嫌いだ、私はいくつかの活動をあきらめる必要がある、運転をやめると家族や友人に迷惑をかける、公共輸

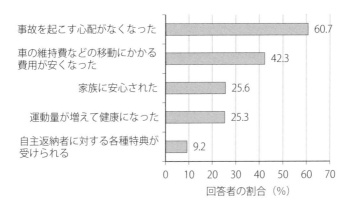

事故を起こす心配がなくなった　60.7

車の維持費などの移動にかかる費用が安くなった　42.3

家族に安心された　25.6

運動量が増えて健康になった　25.3

自主返納者に対する各種特典が受けられる　9.2

回答者の割合（%）

図6-6　運転免許を持たなくなったメリット[22]

送機関が発達していないので不便だ、ドライバーでなくなったのが寂しい」といった運転をやめることに伴う懸念に対して、中高年の現役運転者は「やや賛成」と答えた人が多かったが、運転をやめた人は「どちらでもない」や「やや反対」と答えた人が多かった[24]。

　運転をやめて良かったと思う点も注目だ。やめた人1000人を対象とした調査によると、事故への心配や費用などへの懸念がなくなったり、健康になったりといったメリットをあげる人がけっこういた（図6-6）[22]。

　ところで、車のない生活がそれほどは不便でない理由の1つに、高齢者、とくに免許が失効して5年以内の人が得られる運転経歴証明書保有者に対する自治体等からの特典がある。特典の種類は地域によって様々だが、タクシーやバスなどの運賃割引、商品券の贈呈、百貨店などの宅配料金の割引、美術館・飲食店の料金割引などがある。皆さんも自分の住む地域の特典について調べてみよう。

文献 ···

1）津田彰・石橋香津代（2019）．行動変容．日本保健医療行動科学会雑誌，34(1)，49-59.

2）松浦常夫（2008）．高齢ドライバーのための安全運転ワークブック 実施の手引き．企業開発センター.

3）国土交通省（2019）．全国都市交通特性調査 集計データ 3.クロス集計データ 外出率．https://www.mlit.go.jp/toshi/tosiko/toshi_tosiko_fr_000024.html

4）鈴木文彦（2013）．日本のバス——100余年のあゆみとこれから．鉄道ジャーナル社.

5）全国ハイヤー・タクシー連合会（2021）．輸送人員及び営業収入の推移．http://www.taxi-japan.or.jp/pdf/toukei_chousa/eigyousyuunyuu_suii.pdf

6）全国ハイヤー・タクシー連合会（2020）．TAXI TODAY in Japan 2020 タクシーがつなぐ人の輪 地域の輪．http://www.taxi-japan.or.jp/pdf/Taxi_Today_2021.pdf

7）上越タウンジャーナル（2020）．上越市初、NPOが有償運送 中ノ俣から高田地区のスーパーへ 高齢者の買い物など支援．https://www.joetsutj.com/articles/87322664

8）国土交通省（2019）．自家用有償旅客運送の制度見直しについて．https://www.mlit.go.jp/policy/shingikai/content/001314096.pdf

9）国土交通省（2019）．互助による輸送の事例．https://www.mlit.go.jp/common/001347566.pdf

10）Musselwhite, C., & Haddad, H. (2010). Mobility, accessibility and quality of later life. *Quality in Ageing and Older Adults*, 11(1), 25-37.

11）講談社（2019）．高齢ドライバーとその家族に知っておいてもらいたいこと．おとなの週刊現代2019．Vol.4.

12）松浦常夫（2017）．高齢ドライバーの安全心理学．東京大学出版会.

13）都市交流プランニング（2016）．刻々と変化する交通情勢に即応するための交通安全対策（高齢者講習に係る新たな制度及びその運用の在り方について）に関する調査研究報告書．警察庁.

14）ホメディ（2021）．在宅医療って何？ エーザイ．https://homedi.eisai.jp/consumers/about/comparison.html

15）日本訪問医療機構（2021）．訪問医療について．http://jvmm.jp/houmon-oushin.php

16）常陽銀行（2021）．自動車の維持費ってどれくらい？平均費用や節約方法も紹介．https://www.joyobank.co.jp/woman/column/201505_05.html

17）西田泰・本田正英（2015）．男性高齢者の免許保有について考える．イタルダインフォメーションNo.109.

18）警察庁（2019）．運転免許の申請取消（自主返納）件数と運転経歴証明書交付件数の推移．https://www.npa.go.jp/policies/application/license_renewal/pdf/rdhstatistics.pdf

19）広島県警察本部（2021）．運転経歴証明書．https://www.pref.hiroshima.lg.jp/site/police1/

060-keirekisyo.html
20）警察庁（2020）．運転免許統計（令和元年版）、同補足資料2．https://www.npa.go.jp/publications/statistics/koutsuu/menkyo.html
21）加藤博和（2015）．高齢運転免許自主返納支援事業アンケートの分析について．平成27年度第1回三次市地域公共交通会議（2015/5/25）提出資料．https://www.city.miyoshi.hiroshima.jp/data/open/cnt/3/13950/1/shiryou4.pdf?20180126172249
22）MS&ADインターリスク総研（2019）．高齢者の自動車運転および運転免許証の返納に関する調査結果について．https://www.irric.co.jp/topics/press/2019/1203.php
23）橋本成仁・山本和生（2012）．免許返納者の生活及び意識と居住地域の関連性に関する研究．土木学会論文集D3（土木計画学），68(5)，I_709-I_717.
24）Gilhooly, M., Hamilton, K., O'Neil, M., Gow, J., Webster, N., Pike, F., & Bainbridge, C. (2002). *Transport and ageing: Extending quality of life for older people via public and private transport.* ESRC Award Reference Number L480 25 40 25.

あとがき

　安全ゆとり運転の理論的背景とその具体的な運転方法をまとめて、高齢ドライバー研究に区切りをつけることができた。安全ゆとり運転（補償運転）のアイディアは、30年前に『交通心理学研究』に出した「運転環境の危険性と危険回避可能性からみた高齢運転者事故の特徴」という論文から始まったので、今振り返ると、筆者にとってこのテーマは研究生活の中で最大のものであった。

　この論文を書いた後に、「高齢ドライバーのための安全運転ワークブック」を作成し、5年前には『高齢ドライバーの安全心理学』を出版した。ワークブックでは、高齢になって安全ゆとり運転をすべき時期になっているかを自己診断してもらうのが主なねらいであったが、その具体的な運転方法までは示すことができなかった。

　『高齢ドライバーの安全心理学』では、運転の背景にある生活、加齢に伴う老化と病気、高齢者特有の心理、高齢ドライバー特有の事故、安全運転のための運転者支援、運転をやめるプロセスとその影響について解説した。この本は幸いなことに2つの団体から賞をいただき、なぜか多くの大学図書館で購入されたようで、私が出した本の中では一番の評価を得た。しかし、高齢ドライバーの運転行動の特徴や安全ゆとり運転の理論的側面と具体的な方法の記述が足りないと感じていた。

　こういったときに、一般の高齢ドライバー向けに、補償運転の具体的運転法を解説する本を書いたらというお誘いがあって、これが本書を書くきっかけとなった。筆者にとって一般向けに興味深く、簡明に書くということは高いハードルである。これがどこまで達成されたかおぼつかないが、本書が安全ゆとり運転を取り入れるきっかけとなり、読者が安全運転を長く続けられるようになれば幸いである。

　安全ゆとり運転の実行度調査をするにあたっては、多くの関係機関にお世

話になった。とくに、霧島市シルバー人材センター、焼津市シルバー人材センター、京成ドライビングスクール、中央自動車学校、奥羽自動車学校、鶴岡自動車学園、尾久自動車学校、山城自動車教習所、山陽自動車学校の担当者の方々に感謝したい。安全ゆとり運転の工夫についての調査では、昭和自動車学校、京成ドライビングスクール、焼津市シルバーセンターに感謝したい。多額の研究費を補助していただいた日本損害保険協会にも謝意を表する。

　また、本書が出来上がったのは、出版のお誘いをしていただいた天野里美さん、本書出版を引き受けていただいた福村出版の宮下社長、編集担当の小山光さんのおかげである。末筆ながらここに感謝する。

2022年早春

松浦常夫

さくいん

著者紹介 ···

松浦 常夫（まつうら つねお）

1954年　静岡県に生まれる
1978年　東京大学教育学部教育心理学科卒業
1978〜2004年　警察庁科学警察研究所技官（交通部交通安全研究室）
現在、実践女子大学教授（2004年〜）、元・日本交通心理学会会長（2014〜2017年）

著書：初心運転者の心理学（企業開発センター交通問題研究室、2005年）
　　　統計データが語る交通事故防止のヒント（東京法令出版、2014年）
　　　シリーズ心理学と仕事18　交通心理学（編著、北大路書房、2017年）
　　　高齢ドライバーの安全心理学（東京大学出版会、2017年）
　　　交通心理学入門（共編著、企業開発センター交通問題研究室、2017年）
　　　歩行者事故はなぜ起きるのか（東京大学出版会、2020年）

高齢ドライバーの意識革命
——安全ゆとり運転で事故防止

2022年4月20日　初版第1刷発行

著　者　松浦　常夫

発行者　宮下　基幸

発行所　福村出版株式会社
　　　　〒113-0034　東京都文京区湯島 2-14-11
　　　　電　話　03（5812）9702
　　　　FAX　03（5812）9705
　　　　https://www.fukumura.co.jp

印　刷　株式会社文化カラー印刷

製　本　協栄製本株式会社